魅せる！実践CADパース

宮後 浩 著

学芸出版社

はじめに

　パースを描くようになって、かれこれ半世紀になろうとしています。建築を始めとした「ものづくり」の世界においては、設計者と施主とのコミュニケーションがもっとも重要なポイントとなりますが、お互いの思いが一致しているかどうかの確認には、パースが最も早く、わかりやすい手段だと、様々な場面を経験し実感してきました。

　手描きによるパーステクニックは、それなりの熟練度が必要になり、道具も絵の具から色鉛筆、マーカー、エアーブラシと変遷を重ねてきました。近年ではあたかも竣工写真のようなCAD、CGが主流となっています。ソフトがいとも簡単に完成予想図を制作してくれるようになりましたが、平面図を入力するだけでパースが立ち上がり、ただ立体像が見えるだけでは、パースの本来の意味は半減してしまいます。長年パースの仕事をしてきて思うのは、今も昔も「想い」は同じだということです。施主に夢をもたせ、「創りたい」と思ってもらうといったところは変わりません。

　数年前、実務面においてパースの意味をよく理解している、CADソフトを扱う専門家の方と出会う機会に恵まれました。パースを描く上で最も重要と思われる「魅せ方」の要点を話し合い、その経験をもとにCAD、CGにおけるポイントを重点的に本書にまとめました。パースの専門家でなくても、このポイントさえチェックしておけば、プロ顔負けのCADパースが出来上がる、お互いの持てるノウハウを十分に話し合い、実務に役立つ本を制作したつもりです。

　㈱イオグランツの山中社長はじめスタッフのご理解と協力がなければ、この本が日の目を見ることはなかったことでしょう。
　ぜひ、この本を参考にしていただき、「今までに描いたパースと全然違う！」という驚きを体験していただきたいと思います。

平成 27 年 5 月
㈱コラムデザインセンター
宮後　浩

本書の使い方

　CADはなんとか使えるようになったけど、より効果的に施主に想いを伝えたい。
本書では、そんなニーズにこたえる内容を「具体的」にまとめています。

　第1章では、パースを魅力的に見せるための基礎知識をまとめました。「遠近法、構図、陰影、点景、色彩」など、パース制作に欠かせない部分です。

　第2章では、CADによる外観パースの具体的な処理方法を掲載しています。
　目の高さ、画面レイアウト、点景の入れ方、光と陰影などについて、実例を使ってわかりやすく説明しています。また、ほぼ同じプランによるスタイル別の表現方法をデザインのみならず、パース制作上の色調、コントラストなどに関しても、作例と注意事項を挙げました。

　第3章では、インテリアパースに関して、外観と同じく基本的な、目の高さや構図はもちろん、同じプランによるスタイル別パースと、その制作上での注意や、点景によってスタイルに大きく影響する実例などを載せています。

　第4章では、最終プレゼンテーションでの企画書制作に関してサンプルを載せています。もちろんタイミングによって提出する内容に若干の変化はあると思われますが、基本的なプレゼンテーションの参考にしていただければ幸いです。

　裏技編では、CADで起こしたパース図面を利用して、ちょっとした描き入れとマーカーと水彩絵具による、簡単でしかもインパクトの強いパースの仕上げ方も掲載しています。

　パースは図面の一部ではありますが、施主にプレゼンするという意味においてはひとつの作品となり、表現方法によって大きく印象が変わります。
　絵心や、センスがないからといった苦手意識を持つ方も、このポイントさえ習得すれば、効果的な魅せ方を理解していただけるものと確信します。

　本書は特定のCADソフトを使った描き方のマニュアルではなく、皆さまがお手持ちのソフトで応用することができるものです。ソフトによっては処理の仕方が異なるでしょうが、結果、このような仕上がりになればよいという形を示しています。
　ぜひ、ご自身で見違えるようなパースを描いてみましょう。

もくじ

はじめに 3
本書の使い方 4

第1章 パースの基礎知識　　　　　　　　　　　　　　　　　　7

- **1 パースとは** …………………………………………… 8
  - *1* 何のために描くか　*8*
  - *2* パースが活用される場面　*11*
  - *3* 図面ではわかりくい！　*13*
- **2 遠近法** ………………………………………………… 14
  - *1* 自然遠近法の例　*15*
  - *2* 重複遠近法の例　*16*
- **3 立体空間に存在する3つの方向性** ……… 17
  - *1* 間口・奥行き・高さ　*17*
  - *2* HL—目の高さの水平線　*18*
  - *3* VP—消点　*19*
- **4 パースの種類** ……………………………………… 21
  - *1* 1消点パース　*21*
  - *2* 2消点パース　*22*
  - *3* 3消点パース　*23*
- **5 陰と影** ………………………………………………… 24
  - *1* 陰—SHADEの役割　*24*
  - *2* 影—SHADOWの役割　*25*
- **6 構図を決める** ……………………………………… 26
  - *1* 外観　*26*
  - *2* インテリア　*29*
- **7 点景** …………………………………………………… 32
  - *1* CGによる点景の種類（外観）　*32*
  - *2* CGによる点景の種類（インテリア）　*33*
  - *3* 外観の点景配置　*34*
  - *4* インテリアの点景配置　*36*
- **8 色彩の基礎知識** …………………………………… 38
  - *1* 色の基本的な分類　*38*
  - *2* 色相環とトーン表　*39*
  - *3* カラーコーディネート　*40*
  - *4* イメージスケールの活用　*41*
  - *5* 色彩心理　*42*

第2章　実践！　外観パース編　43

1　かっこいい外観パースのコツ……………… 44
- *1* 目の高さを決める―HLの設定　45
- *2* 正面と側面の見せ方　46
- *3* 画面内の構図を決める（トリミング）　47
- *4* 陰影を入れる　40

2　いろいろな演出方法………………………… 50
- *1* 空のバリエーション　50
- *2* 森・林のバリエーション　53
- *3* 地面　54
- *4* 窓　55
- *5* 車　56
- *6* 背景　57
- *7* 外構　58

3　スタイル別外観イメージ…………………… 60

第3章　実践！　インテリアパース編　69

1　かっこいいインテリアパースのコツ…… 70
- *1* 目の高さを決める―HLの設定　71
- *2* 画面内の構図を決める（アングル）　72
- *3* 画面内の構図を決める（トリミング）　73

2　インテリアパースの演出方法……………… 74
- *1* 点景のワンポイント　74
- *2* 点景によるイメージづくり　75
- *3* 照明による演出　76

3　スタイル別インテリアイメージ…………… 78

第4章　パースを活用したプレゼンテーション　85

1　プレゼンボードをつくろう　86
- 作例1　新規提案におけるプレゼンボード　86
- 作例2　リフォーム提案におけるプレゼンボード　90

2　プレゼンボードづくりのポイントとコツ　92

3　作品集　94

裏技編　CADを活かした手描きパース　96

- *1* 外観パースのつくり方………………………… 96
- *2* インテリアパースのつくり方………………… 100

おわりに　102

第 1 章

パースの基礎知識

1 パースとは

1 何のために描くか

建築をはじめ、ものづくりの現場では、施主と技術者がコミュニケーションを重ねながら計画を進めていきます。
ただ、専門知識のある技術者とは異なり、施主は図面を見ても、内容を理解できないことがほとんどです。

建設用の図面はあくまでも「ものづくり」の専門業種同士の共通言語であり、施主には理解しにくいため、図面の内容を施主にも理解できるよう立体化して見せる必要があります。

そこで活躍するのが、平面上のものを立体的に、しかも現実感を持たせて表現する「パース」テクニックです。

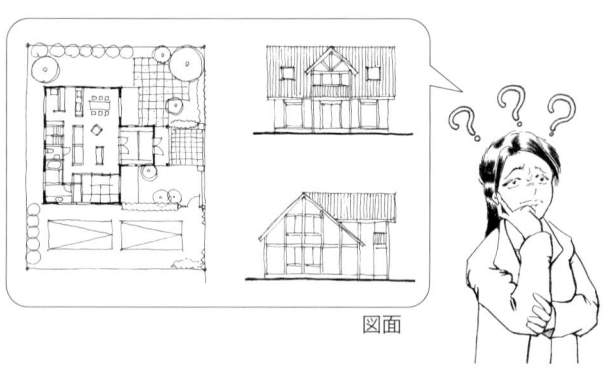

図面

パース

「パース」テクニックは透視図法を使った完成予想図であり、その描き方で描いたものを一般的に「パース」と呼びます。
パースとは英語で「遠近法、透視図法」を意味する「perspective（パースペクティブ）」の頭の部分を使用したものです。

CADが普及するまでは、設計者は自らパースを手で描き、施主に完成予想を見せていました。自分が設計した建物ですので、最も見せたいところは自分自身が一番わかっています。設計者はどこを見せるのか、その構図を頭に描きながら、アングルを決め透視図法を使ってパースを起していました。

設計図面から透視図法を用いて、手描きパースを起こすには、まず下描きで形を描き、そこに点景や陰影を描き込みます。

◉外観パースの場合

普段、図面を見ることのない施主にとって立体的な建物の外観はどうなるのか、まわりの樹木や車との関係はどんな感じになるかなど、さっぱりわからないのが普通です。

そのために透視図法を使って起こすわけですが、それなりの技術が必要になります。

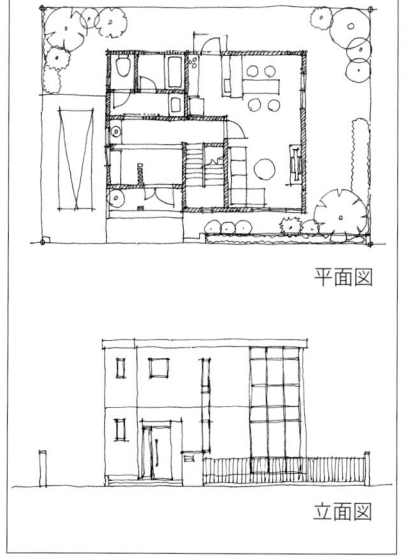

平面図

立面図

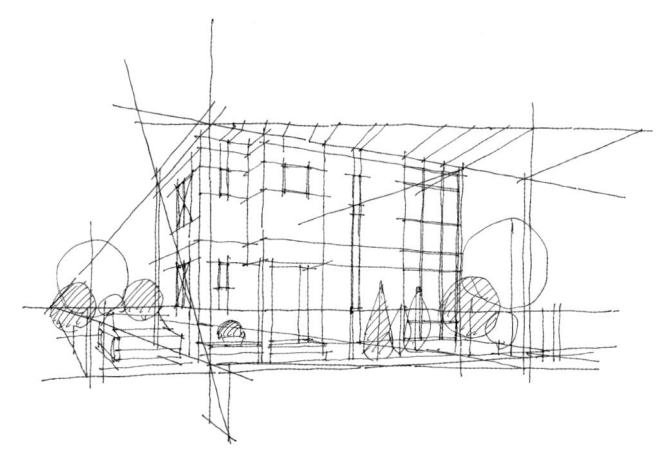

形が起きると、空、地面、窓等の質感を表現したり、点景や陰影を入れて、現実感を表現して完成です。

なるほど、こんな感じになるのか！

◉インテリアパースの場合

インテリアの場合も同じです。平面図や、展開図で広さや天井の高さがわかっても、立体的空間として把握しづらく、部屋の雰囲気などもなかなか伝わりません。
インテリアパースは、どの範囲を見せたいのか、家具が入るとどんなふうに見えてくるのかなど十分に考えながらアングルを決めます。

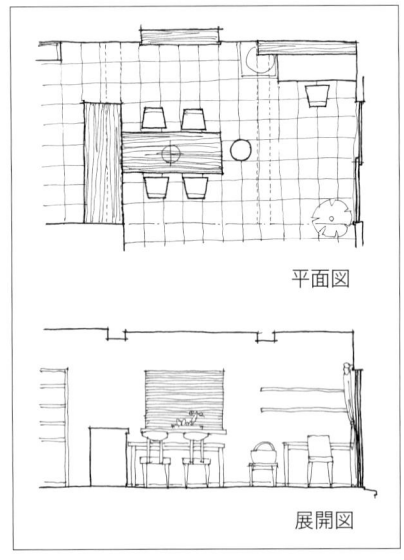

平面図

展開図

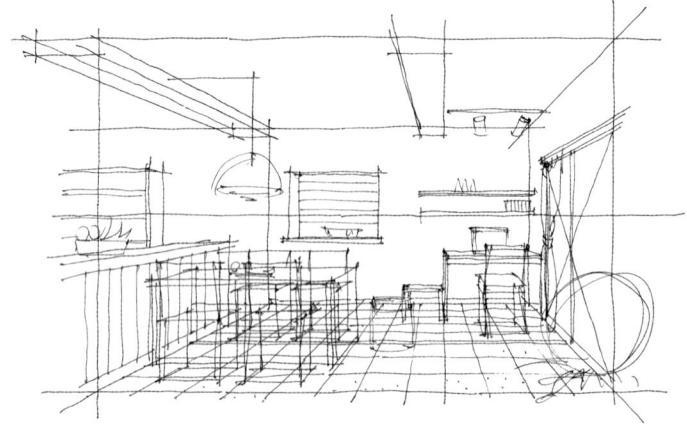

左の図面の手描きによるインテリアパースの下描きは、このようになります。

家具・照明・小物等を入れて生活感を出しながら空間の雰囲気を演出して仕上げます。

でも、ちょっと難しそう……??

外観にせよ、インテリアにせよ、現在、CADを使って平面図を入力すると、立体が現れてきます。手描きの場合と違って、すぐに立体画像ができるので、なるべく全部見せたいという気持ちのほうが優先して、最も見せたい部分を忘れがちになってしまいます。
あらゆる部分を見せようとすると、焦点がぼやけてしまって魅力のないパースになってしまいます。
何を見せたいか自分自身で把握することが、パース制作では非常に重要になります。

2　パースが活用される場面

対象が小さくても大きくても、立体であればパースで表現することで、より伝わりやすくなります。

① インテリア　*

施主が考えているインテリアの雰囲気とデザイナーが考えているイメージが合っているかどうかの確認に。

「こんな雰囲気の空間でいかがでしょう？」

② 建築　*

パースを見せながら話し合うことで、用途、予算、イメージなど、建築家の提案が適切かどうかを確認するとともに、具体的な形があることで、施主の細部の要望まで聞き出すことができます。
また、まわりの環境との調和の様子も確認することができます。

③ 都市計画　*

都市計画においては、概要説明を多数の人にする場合が多いので、図面、説明文だけでは誤解が生じる場合があります。計画を進めていく上で、正確に把握するためにも、やはりビジュアルでのイメージ伝達が必要となります。

「全体の構想がまとまるとこんな風になります」

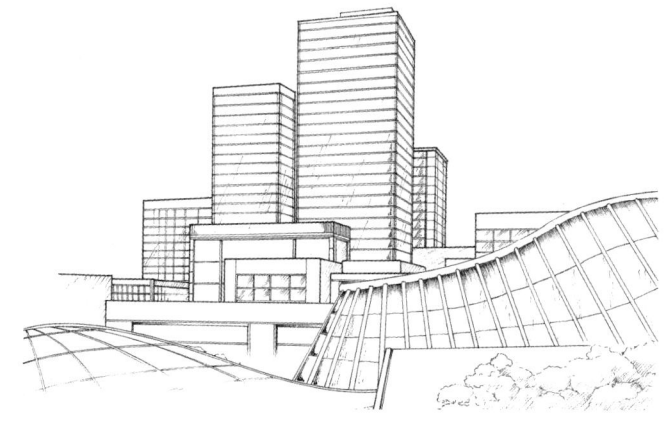

④ プロダクトデザイン ＊

構想・設計・提案など、様々な場面でプロポーションから細部寸法まで立体にすることで、製品の形を正確に把握できます。
実際の形が目に見えることで、関わるすべての人がイメージを共有できます。

⑤ マンガ・アニメ ＊

キャラクターの演出効果としてシーン・ロケーションの背景を立体的に描きます。
マンガは空間内動作の表現が非常に重要です。そのためには、背景がなければ、シーンのイメージが的確に伝わりにくいですね。

⑥ ファッション ＊

ファッションアイテムも立体物ですので、平面的に見るより立体的に表現することで、実際の製品の形をイメージしやすくなります。

このようにパース表現は、様々なデザインの現場で活用されているのです。

＊イラスト：伊藤茂男

3　図面ではわかりくい！

建物は多くの専門家の協力によって作られ、図面は専門業種共通の専門言語であり、施主にとっては決して分かりやすいものではありません。
たとえば、この図面が立体的に理解できますか？
皆さんも中学生の時に習っているはずですが、忘れてしまっているかもしれませんね。

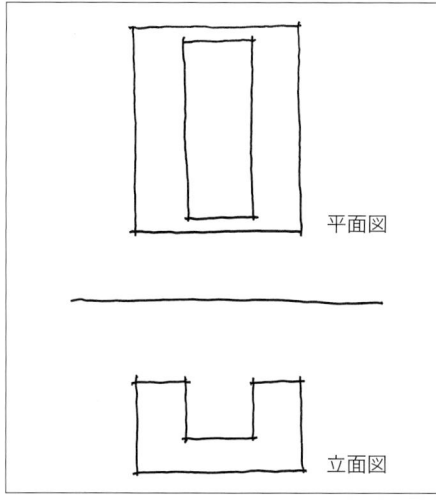

左のような第三角法による図面があったとします。平面図（上から見た絵）と立面図1面だけでは、どんな形をしているのかわかりませんね……。

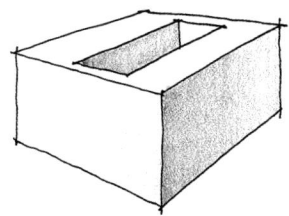

平面図から考えると、こんな形だとすると、平面は合っていますが、立面図は……

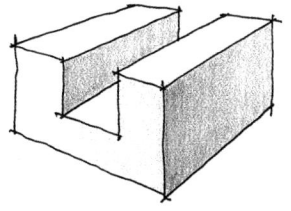

立面図を優先して考えると、こんな形だとします。立面図は合っていますが平面図は……

↓

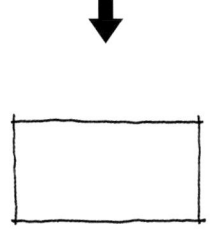

こんな図になりますね。

↓

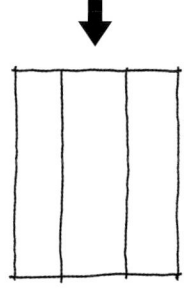

このように中の2本の線が上下につながってしまいます。

本当はどんな形の立体でしょうか？……　→ 答えは p.14 に

1　パースとは

2 遠近法

立体的に表現する方法として「遠近法」があります。
著者が考える遠近法は3通りあり、それぞれ異なった方法で遠近感を表現できます。

自然遠近法

形、大きさが変わることで遠近感を表現します。同じ大きさでも近くにあると大きく、遠くに行くほど小さく、形や線が簡略になります。
⇒ p.15

重複遠近法

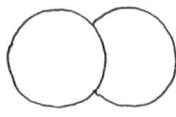

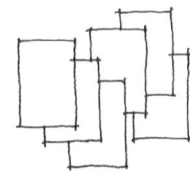

遠近感を二次元（平面）上で表現した場合、線が重なっている部分では、優先している線がつくる形のほうが手前にあるように見えます。
⇒ p.16

空気遠近法

遠近感は色彩によっても表現できます。
近いほど色が鮮やかで、明暗がはっきりしています。逆に、遠くなるほど、明るくグレーっぽい色になります。
⇒色彩による遠近表現(p.38)

「自然遠近法」は透視図法（p.17参照）によって表現されます。彩色段階に入ると「空気遠近法」、また、仕上げの段階において点景等を入れることにより、奥行き感を表現する「重複遠近法」というふうに、それぞれの段階で使い分けています。

→ p.13の答え

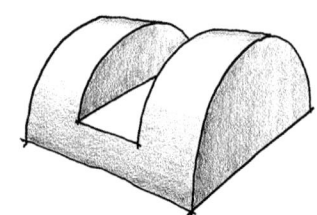

実は、こんな立体でした

直線で構成された図面から、カーブのついた曲線を想像しにくいと思います。
平面的な図面から、立体物を理解するのは、日頃、図面を見慣れている専門家でない限り、簡単なことではありません。

1 自然遠近法の例

自然遠近法は、実際は同じ大きさのものでも、大きさに変化をつけて描くことによって遠近感が生まれる表現方法です。

パースでは、手前にあるものを大きく、遠くに離れていくにしたがって徐々に小さく描いていきます。

外観パースを見てみましょう。

●・◆は、本来は同じ長さです。

間口方向において、

❶＞❷＞❸＞❹

徐々に長さを短くすることで遠くなっていくように見えます。

高さ方向においても、

◆❶＞◆❷＞◆❸

◆❸が一番遠くにあるように見えます。

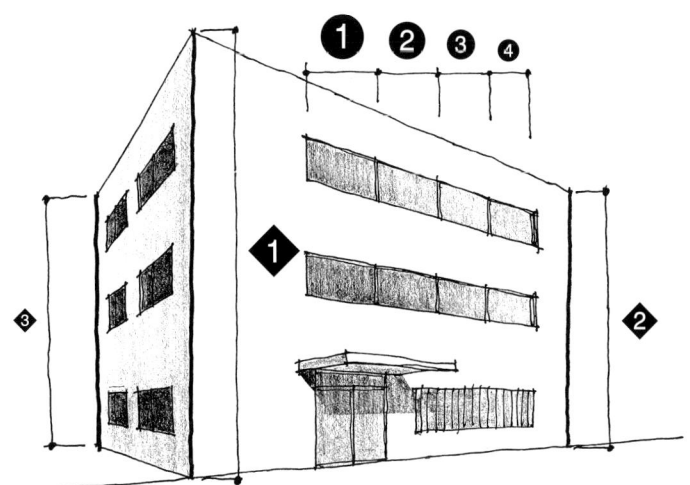

インテリアパースも同様です。

●・■・◆は、本来は同じ長さです。しかし、

❶＞❷

■❶＞■❷

◆❶＞◆❷

のように、手前にあるものは大きく、遠くにあるものは小さく描くことで、立体感が生まれます。

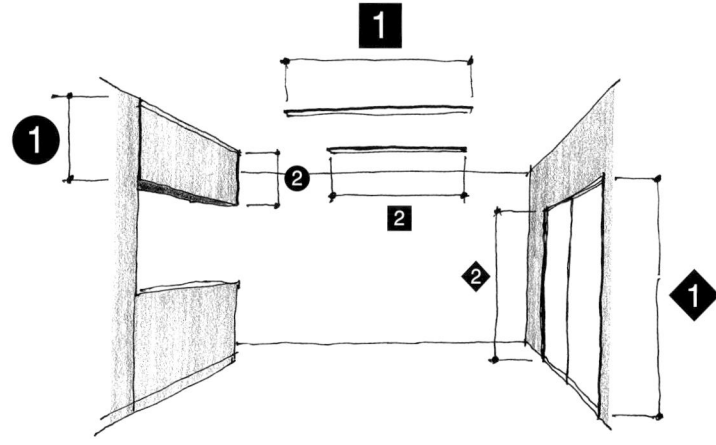

2　重複遠近法の例

重複遠近法は、描くものが重なる部分では、手前にあるように表現したい線を上になるように優先して描きます。そうすると、奥にあるものが隠れます。
パースでもこの方法を活用し、立体的に見えるように表現します。

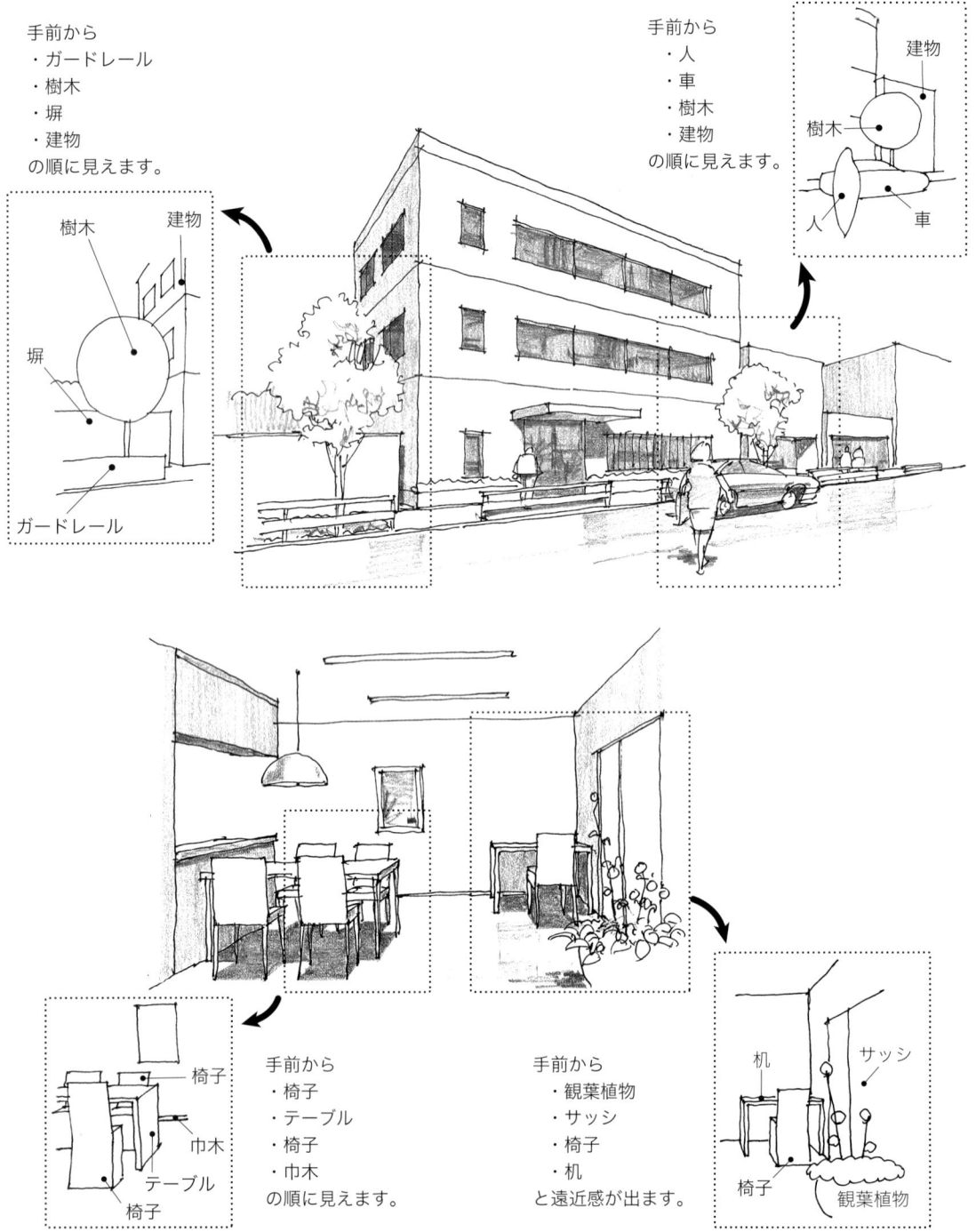

手前から
・ガードレール
・樹木
・塀
・建物
の順に見えます。

手前から
・人
・車
・樹木
・建物
の順に見えます。

手前から
・椅子
・テーブル
・椅子
・巾木
の順に見えます。

手前から
・観葉植物
・サッシ
・椅子
・机
と遠近感が出ます。

3 立体空間に存在する3つの方向性

1 間口・奥行き・高さ

私たちが暮らす3次元の空間は、
- 水平方向の長さを表す「間口」
- 奥行方向の長さを表す「奥行き」
- 垂直方向の長さを表す「高さ」

の3方向からできています。
水平、**奥行き**、**垂直**は、パースを描くうえで、最も重要です。

◉外観

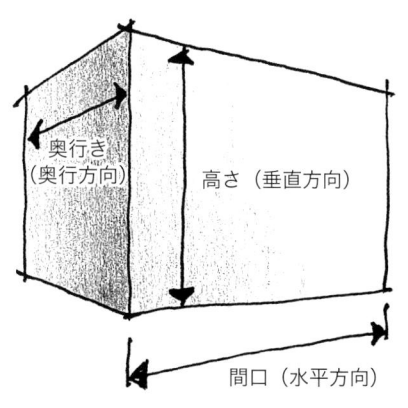

◉インテリア

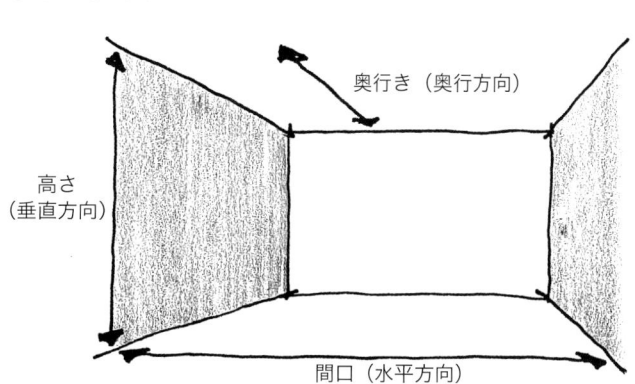

3方向の情報を認知することにより、その立体空間の概要を把握することができます。この3方向の情報を平面上にわかりやすく立体的に表現するのが、パースということになります。
パースでは立体的な空間を平面上に描き表すための方法にはいくつかありますが、現実には交わることのない3方向の**水平**、**奥行き**、**垂直**のいずれかの方向の平行線が交わるように描くことによって、立体的に見せることができます。これが**透視図法**と呼ばれる図法です。

空間には、この3つの方向性しかないということを絶対に忘れてはいけません。この3方向が頭に入っていれば、パースを簡単に理解することができます。

パース制作の基礎用語として、次の2つの用語は必ず覚えておいてください。

HL＝ホリゾンタルライン
目の高さの水平の線（たとえば立っている時の目の高さは、地面から約1500mm）

VP＝ヴァニシングポイント
消点（2次元上で3方向（水平、奥行き、垂直）のどれかの平行線が交わる点）。

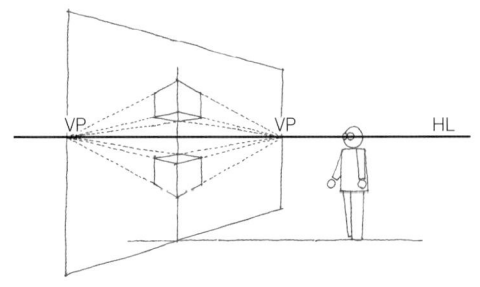

2　HL—目の高さの水平線

HL（目の高さの水平線）は外観パースとインテリアパースで適する設定が異なります。

外観パースは身長1700mmの人が普通に立って見た高さ、つまり、目の高さを地面から1500mmくらいに設定すると、自然な見え方になります。

インテリアパースの場合、椅子に座って見た時の目の高さ、つまり1000～1200mmが最適ですが、ホテルのロビーやホールのように立って移動することが多いところは1500mmでよいでしょう。

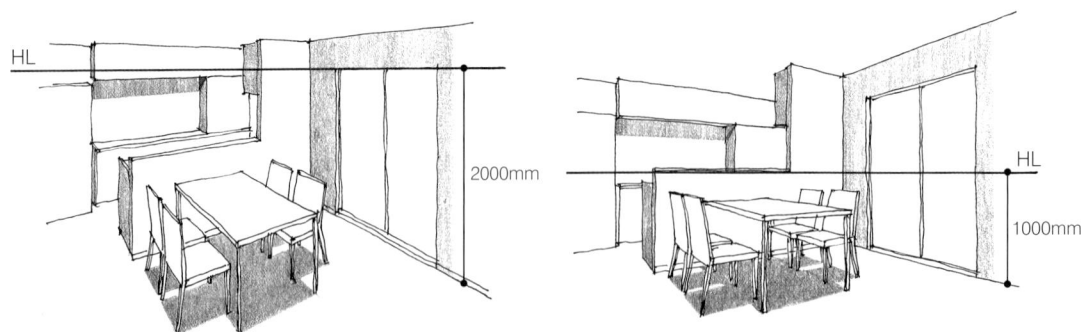

HL＝2000mm　目線が高いと不自然に見えます　　　　HL＝1000mm　自然な見え方

目の高さを低くするほど、空間は広く感じます。広く見せたい時はHLを下げるとよいでしょう。ただし、あまり極端に低くすると不自然に感じるので注意が必要です。

3 VP —消点

水平、奥行き、垂直の3方向の平行線は現実的には交わりません。
立体や、空間を平面上に表現するには、本来は交わらないはずの平行線が交わるように描くことになり、この平行線が交わる交点をVP（消点）と言います。
地面が水平の場合、VPは必ずHL上に位置します。
ここで、日常での私たちの見え方を振り返ってみましょう。

まっすぐ正面から奥の方向を見た時、その方向に向かって交わらないはずの平行線が交わっていくように見えます。下の図のような見え方になるのを参考にしてください。

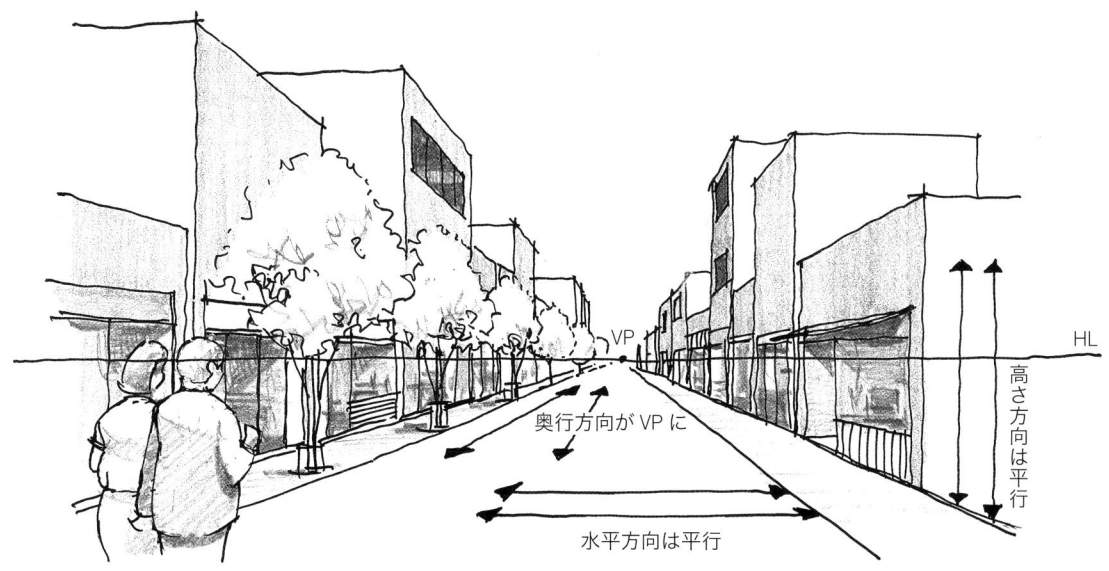

奥行方向に平行線が交わっています。この交わる先の点がVPであり、
VPは通常HL上の、見ている人の目の位置にあるといえます。

> 街頭で、建設中の現場で、電車の中で、お家の中で、一度意識しながら眺めてみましょう。
> VPとHLが認識できれば、
> パースがぐっと身近に感じられますよ！

CAD、CGのパースでは自動的に計算されて、立体が立ち上がりますが、VPがないわけではなく手描きパース同様に存在します。
一度、CGパースの奥行き方向のラインを延長させてみてください。交わる1点が出てきます。それがCGパース上でのVPになり、このVPを通る水平線がHLになります。

それでは、実際に1消点のパースを使って、HLとVPの関係を見てみましょう。

◉外観

地面から1500mmの高さにHL（目の高さの水平線）を設定します。そうすると、大人の目の高さと同じになります。車や樹木の高さも地面から1500mmのHLを基準にして求めることができます。
また、<u>奥行方向</u>の平行線は、すべてVPに向かって結ばれていきます。

◉インテリア

床面から1200mmのところにHLを設定しています。天井の回り縁や床面、巾木といった<u>奥行方向</u>の平行線は、すべてVPに向かいます。もちろん壁に飾られた絵画や、ベッド等の家具も、奥行方向はすべてVPに向かいます。

4 パースの種類

パースの種類には、いくつかの分類方法がありますが、消点の数による分類がよく行われます。

手描きパースにおいては、まず最初に見せたい部分（内容）によってVPを決める必要があります。しかし、CADパースでは必要な入力を行った後から、見せたい部分によって、（カメラ）アングルを検討します。ですので、VPの設定で悩む必要はありませんが、VPは必ずあるので、意識しておきましょう。

1 1消点パース

VPが1点で、立体物を正面から見た状態を描くもので、水平方向、垂直方向は平行のままで、奥行方向に向けた平行線だけが1点で交わるパースをいいます。

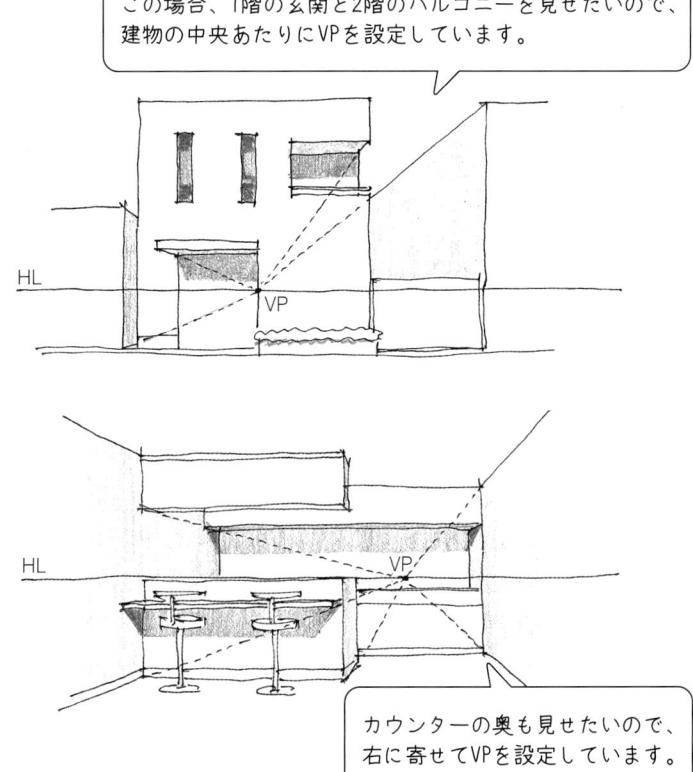

●外観

建物を正面から見ているため、水平・垂直方向の線は平行に描かれ、奥行方向の平行線のみがVPに向かって描かれます。VPが1方向だけなので、1消点ということになります。

この場合、1階の玄関と2階のバルコニーを見せたいので、建物の中央あたりにVPを設定しています。

●インテリア

インテリアを正面から見ているので、水平・垂直方向の線は平行に描かれ、奥行方向の平行線だけがHL上のVPに向かって描かれます。

カウンターの奥も見せたいので、右に寄せてVPを設定しています。

2 2消点パース

VPが2点あり、立体や空間を斜めから見た状態を描くもので、**水平方向**、**奥行方向**の2つの平行線が消点に向かって絞りのかかったパースです。**垂直方向**は絞りがかからず平行に描きます。画面内にVPが納まらない場合もよくあります。

⦿ 外観

正面からでは奥行きの長さやデザインが見えない場合、斜めから見たアングルをとります。その場合、水平方向と奥行方向、2方向のそれぞれの平行線がVPで交わるように表現します。

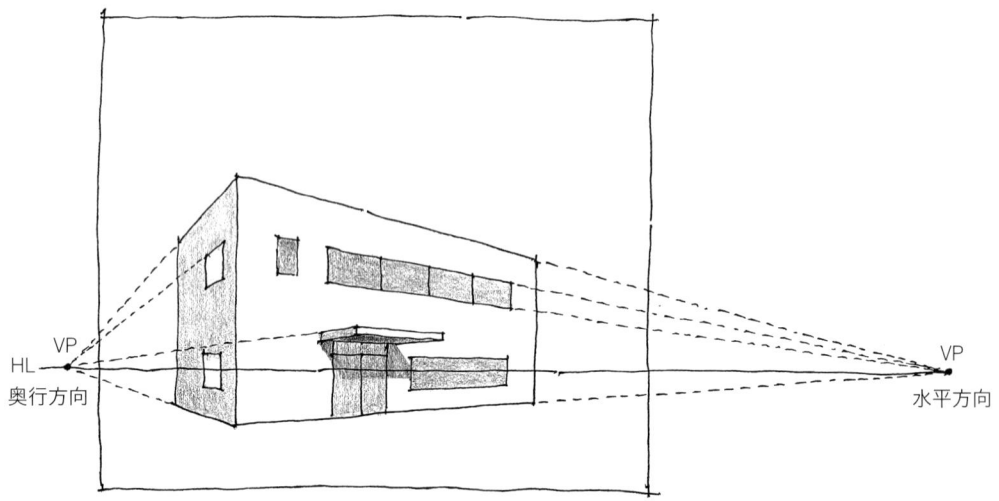

⦿ インテリア

インテリアにおいても、斜めからコーナー部を見る場合、水平・奥行方向それぞれの平行線が交わる2つのVPがHL上に存在する表現になります。

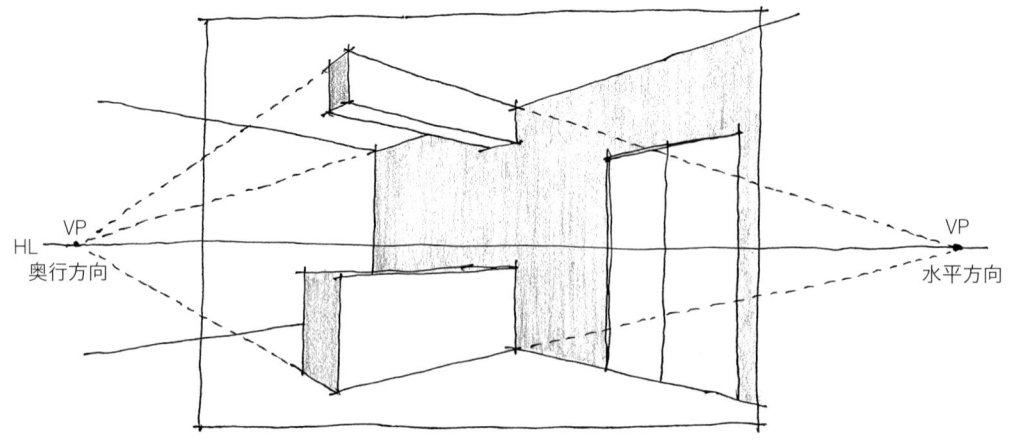

3 3消点パース

VPが3点、**水平方向**、**奥行方向**、**垂直方向**、すべての平行線が消点に向かって絞りのかかったパースです。

●外観
（高層ビル等の見上げ）

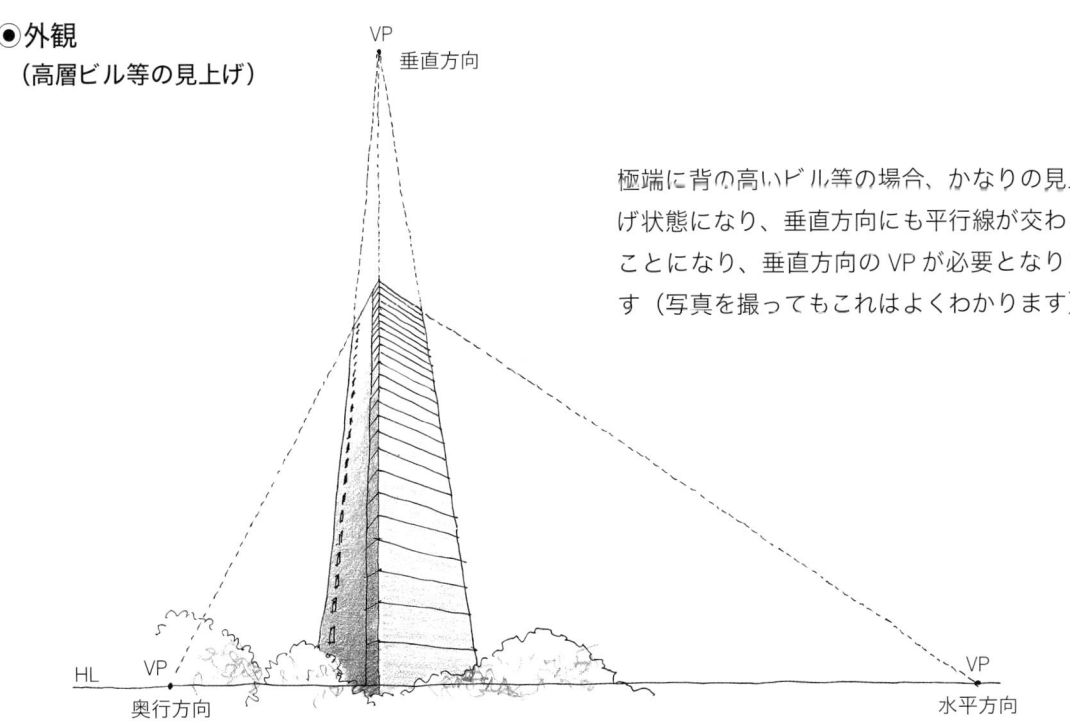

極端に背の高いビル等の場合、かなりの見上げ状態になり、垂直方向にも平行線が交わることになり、垂直方向のVPが必要となります（写真を撮ってもこれはよくわかります）。

●鳥瞰図

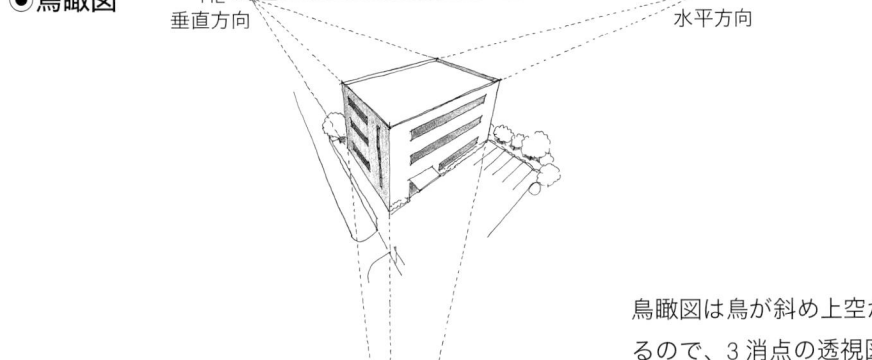

鳥瞰図は鳥が斜め上空から見たような図になるので、3消点の透視図法が使われる場合が多いのです。

高層ビルとは逆に、かなり上から見た場合にも垂直方向のVPが生じます。
建物だけではなくインテリアの俯瞰をした時にも、同じように垂直方向にVPが生じます。

5　陰と影

毎日の生活の中に、カゲはたくさん登場します。
パースにとってカゲは、とても重要な位置付けです。カゲを描くことで立体的でリアルな印象を与えることができ、メリハリがつくことによって、作品全体が引き締まります。カゲをよく理解しておかないと魅力あるパースにはなりません。
カゲとひとくちにいっても2種類あり、陰(SHADE)と影(SHADOW)に分類されます。

陰（SHADE）　⇒　光源からの光によって物体自体に生じる明暗のこと。光の当たり方によって、明暗の段階が生じるところから**グラデーション**という呼び方もされます。

影（SHADOW）　⇒　物体が光源からの光を遮ることによって床や壁等に映る暗さのこと。

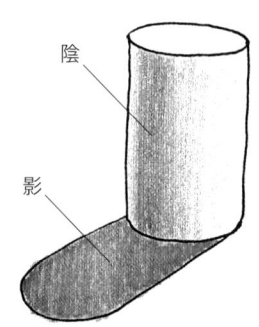

陰と影の、それぞれの役割を見ていきましょう。

1 陰── SHADE の役割

陰（SHADE）は主に、次の要素を表現します。

① 立体感

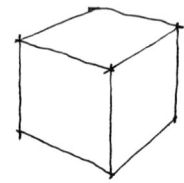 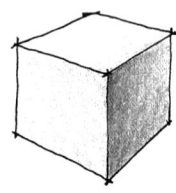

面に光による明暗をつけて区別することにより、立体的に表現できます。

② 質感

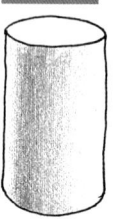 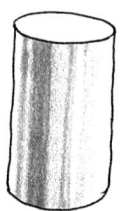

明暗のコントラストが強いほど、表面が硬く感じます。

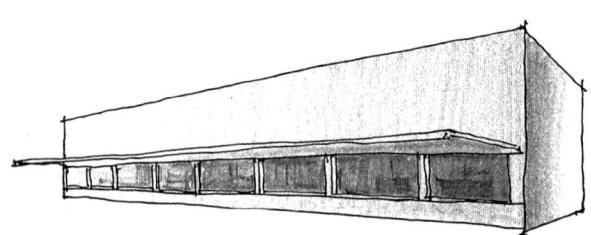

③ 遠近感

手前を暗く、向こうのほうを明るく表現することにより、遠近感を強調できます。

2 　影——SHADOW の役割

影（SHADOW）は主に、次の要素を表現します。

① 存在感

物体と床に落ちる影とが接触していると、その物体は着地して見えます。

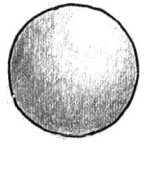

物体と影との間が開いていると、そこに空間が生じ、浮いて見えます。

② 形、大きさ

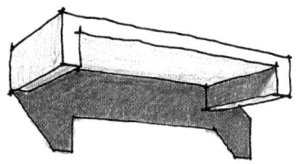

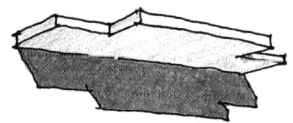

複雑な形でも影をつけることでわかりやすくなります。

③ 光の強さ

光が弱い場合、影は淡くなり、光の当たっている部分との明暗のコントラストが弱くなります。

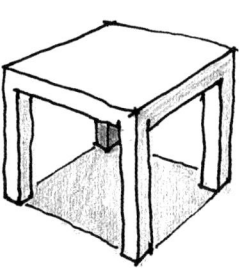
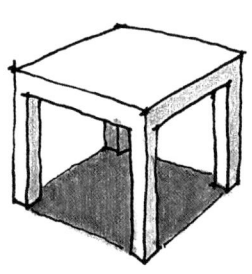

光が強い場合、影は濃くなり、光の当たっている部分とのコントラストは強くなります。

● CG による陰影の注意点

手描きパースでは立体表現のために、意図的に光の角度や影の濃淡を設定し、影を描くことがありますが、CG パースの場合は、自動的に設定された光の角度によって、影は単一の濃さに形成されるため注意が必要です。
上と同じ図を CG パースで描いてみると…

影の濃さが一定のため、光の強さが表現されません。

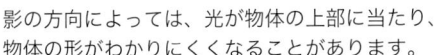
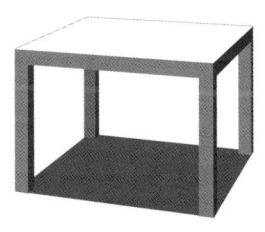
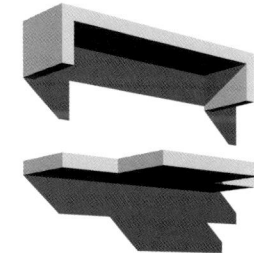

影の方向によっては、光が物体の上部に当たり、物体の形がわかりにくくなることがあります。

上の図の説明にもあるように、光の強さを表現したいときは、影の濃さを調整する必要があります。

光の強い日は、反射光で庇裏が明るくなることがあります。

6 構図を決める

パースを用いてプレゼンを行う場合、最も重要だと考えられるのがパースを組み込んだ画面全体の構図です。
画面内におけるバランスやリズム感などを考慮しながら、作品を仕上げる必要があります。

1 外観

2消点パースで解説していきましょう。たとえば下の設計図面のような建物の場合、よりよいパースを描くには、間口が広くて凹凸の表現を強調したいところです。
下図のようなアングルが理想的でしょう。

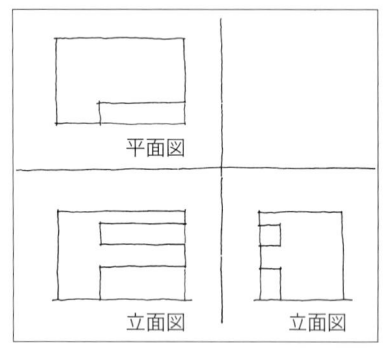
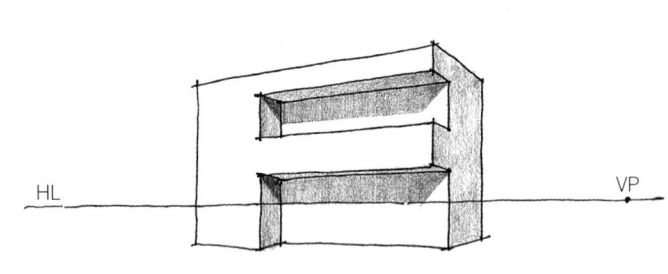

しかし、CADではどこからでも自由に見ることができるので、屋上も見せたい、正面も、側面も見せたい、と欲張りになります。

アングルが悪い例

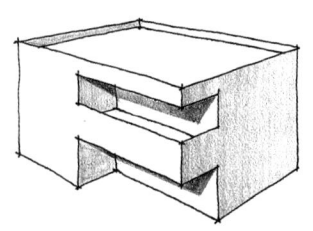

レイアウトが悪い例

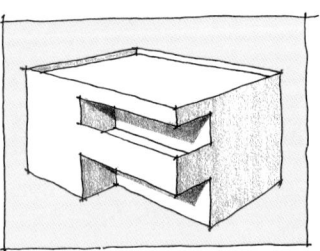

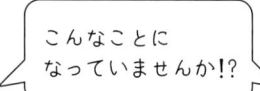

建物が小さく見える上、迫力に欠けています。建物の場合、顔となる面、また最も施主にアピールしたい部分を強調しながら、より魅力的でインパクトのあるパースが求められます。

インパクトを持たせるために大きく表現しようとして、画面いっぱいにレイアウトしている場合が多く見られます。しかし、窮屈な感じがして、かえって建物イメージが悪くなります。

パースというのは立体（3次元）の状態を平面上（2次元）で表現するにあたって、その建物が完成した場合の見え方というものを意識し、より自然な感じで、見せたい部分を見せるようなアングルやトリミングに設定する必要があります。
パース表現で最も必要なことは「強調」と「省略」であり、このことでより魅力的なインパクトの強い表現が可能になります。

構図においては、リズム、バランスがとても重要な要素になります。
ひとくちにリズムといえば画面の中での<u>動き</u>を、バランスといえば画面内での<u>落ち着き</u>を表現するといえるでしょう。
では、リズムとバランスについて、良い例と悪い例を見てみましょう。

リズム ──躍動感

画面に動きを与えることにより、見ている人にとってワクワク感が生じ、画面に引き込まれます。拡がりを感じる空間の位置を意識しましょう。

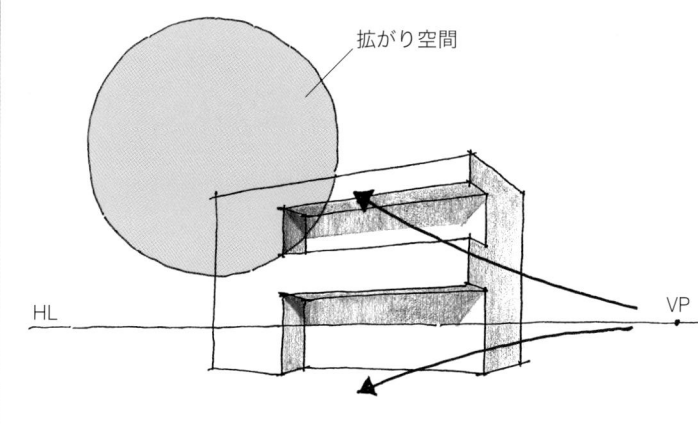

良い例

2消点パースの場合、近い方のVPから放射状に動きが生じるため、VPから反対の方向に空間を持たせると、「拡がり空間」として余裕ができ、動きのあるパースになります。

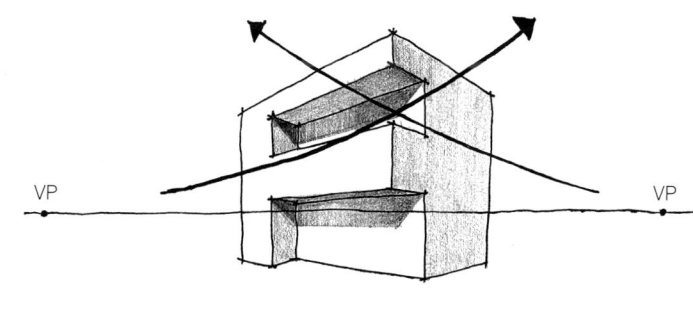

悪い例

VPが両方とも近い場合、空間どうしが強調し合って相殺され、落ち着きのないパースになってしまいます。

バランス ──均衡感

画面にはバランスが必要です。
もちろん表現される物件の形態、用途にも大きく影響されますが、バランスが悪いと、見ていて不快感を与えるうえに、落ち着きません。

良い例

VPから建物をはさんだ反対方向に「拡がり空間」をつくると、動きは出るのですが、落ち着かないといった欠点が生じます。そこで、動きをさえぎらない程度の点景を置くことによって安定感を与えることができます。

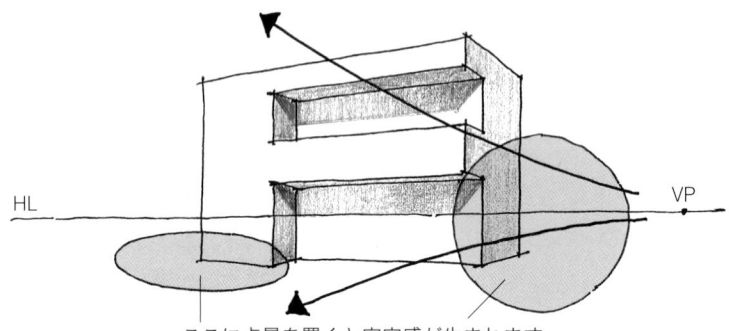

ここに点景を置くと安定感が生まれます。

悪い例

VPと反対方向の「拡がり空間」に点景を持ってきたり、重い色を使うと、動きがなくなるうえ、バランスも崩れてしまうので注意してください。

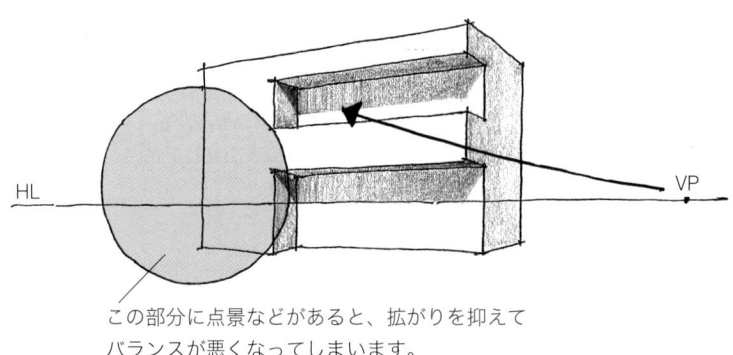

この部分に点景などがあると、拡がりを抑えて
バランスが悪くなってしまいます。

2 インテリア

外観の場合と同様に、2消点パースで考えます。
次のような設計図面をもとにインテリアパースを立ち上げていきましょう。

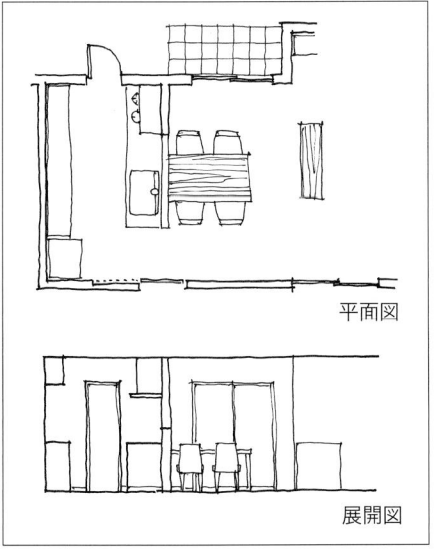

平面図

展開図

インテリアパースは、全体の雰囲気の確認と合わせて、日常生活での目線を確認できることが求められます。
そこで、ダイニングからキッチンを見たパースを描いてみましょう。
ダイニングを主体に、奥にキッチンがあり、対話をしながらキッチンでの作業ができることを表現します。

アングルが悪い例

視点が高いため、非日常的で臨場感がありません。

良い例

キッチンに向かって、手前にテーブルを中心としたダイニングを配置する構図にすると、サッシを通して外部も望め、ダイニング、キッチン、テラスの関係性もよくわかります。

6 構図を決める

リズム ── 躍動感

良い例

近いVPから矢印方向に空間を取ることにより、空間の関連性、動きと拡がりが表現でき、リズム感が生まれます。

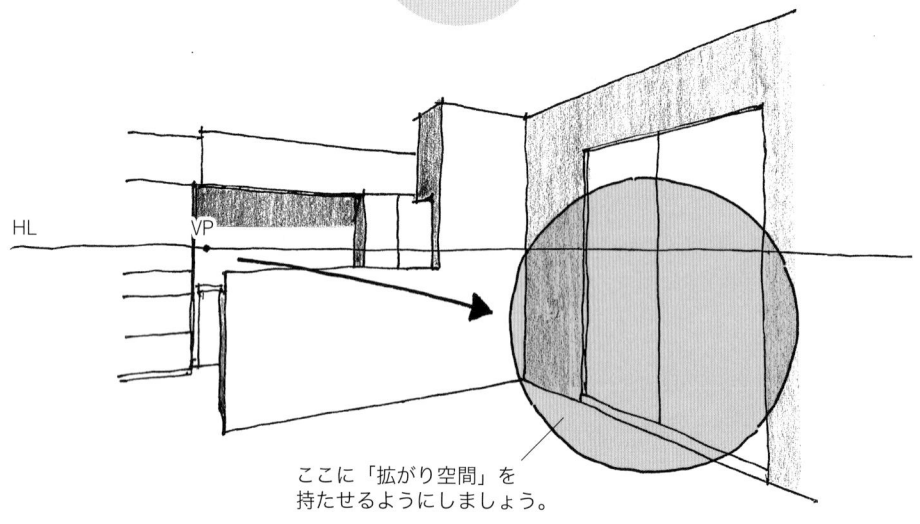

ここに「拡がり空間」を
持たせるようにしましょう。

悪い例

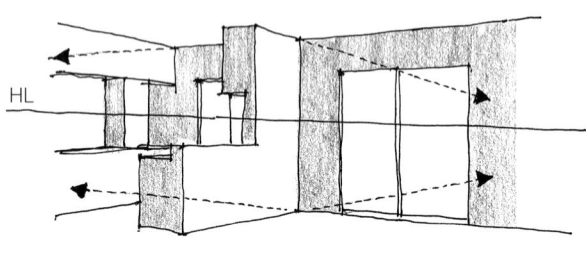

2方向のVPが遠く、角度が
ゆるいため、焦点がぼやけ
て画面の動きが弱くなって
います。

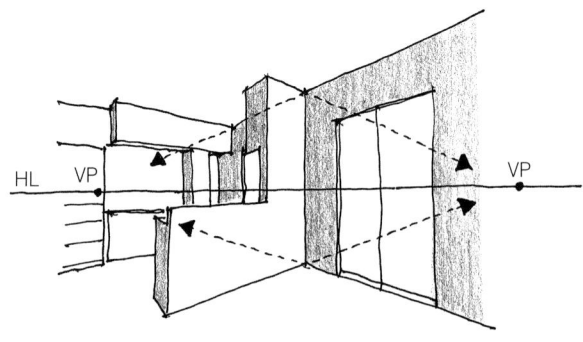

2方向のVPが近すぎるため、絵としての落ち着きが
なくなり、見ていて窮屈に
感じます。

バランス ――均衡感

良い例

インテリアにおいても、点景の大きさや配置によってバランスをとることができます。ただし、構図によってはアンバランスになることがあるので注意しましょう。

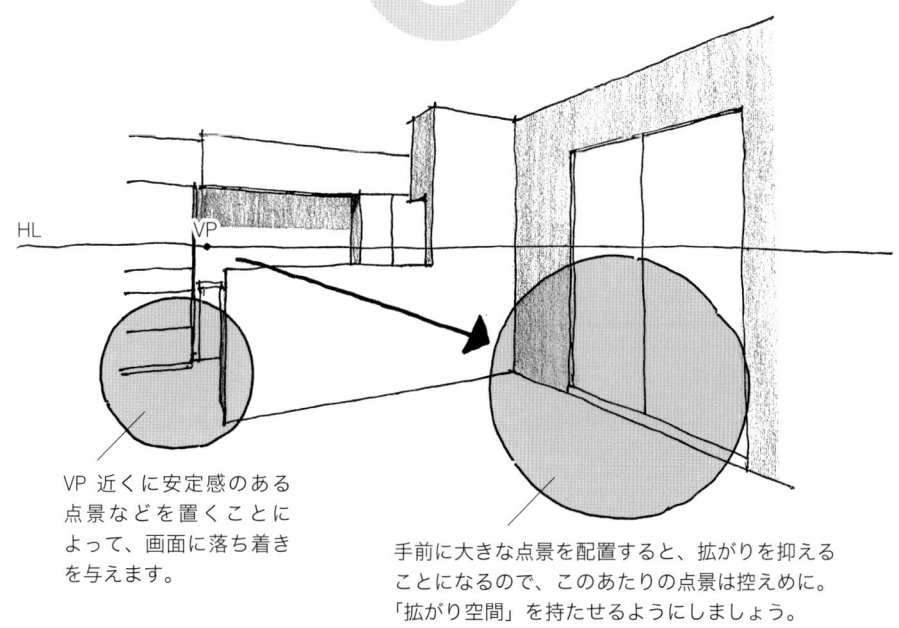

VP 近くに安定感のある点景などを置くことによって、画面に落ち着きを与えます。

手前に大きな点景を配置すると、拡がりを抑えることになるので、このあたりの点景は控えめに。「拡がり空間」を持たせるようにしましょう。

良い例

足元のコーナー部分を見せないように点景を配置することにより、空間に安定感が生じます。

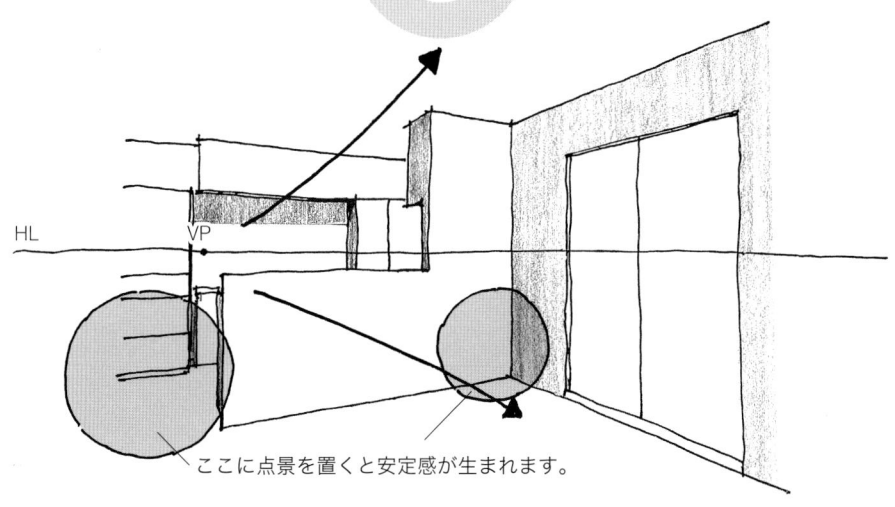

ここに点景を置くと安定感が生まれます。

6 構図を決める

7 点景

点景は、インターネットや素材集を利用して比較的簡単に手に入るようになりましたが、やはり自分で使う点景に関しては、普段から写真で撮りおき、オリジナルの素材集を作ることが理想です。

1　CGによる点景の種類（外観）

●**車**　　車の典型的な例として必要と思われるのは次の3つです。

ワンボックスカー

ファミリーカー

高級外車

●**樹木（植物）**　　樹木もいろんな大きさ、種類のものを用意しておくとよいでしょう。

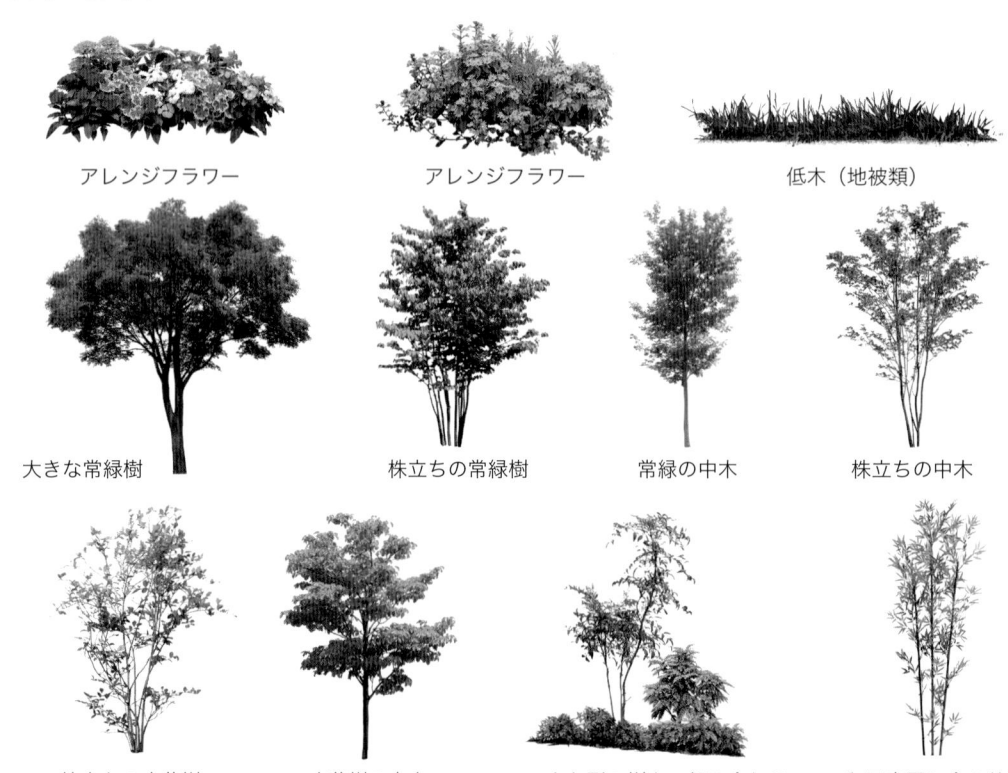

アレンジフラワー　　　アレンジフラワー　　　低木（地被類）

大きな常緑樹　　　株立ちの常緑樹　　　常緑の中木　　　株立ちの中木

株立ちの広葉樹　　　広葉樹の中木　　　ユニークな形の樹々の組み合わせ　　　和風庭園に合う竹類

2 　CGによる点景の種類（インテリア）

◉**植物**　インテリアイメージによって数種類の植物が必要になります。和風、モダン、クラシックなどの雰囲気に合う植物を、それぞれ数種類用意しておきましょう。

小さな観葉植物　　大きな葉ぶりの観葉植物（中）　　軽やかな葉ぶりの観葉植物（中）

フラワーアレンジメント　　シンプルなフラワー　　和風に合う観葉植物

◉**家具・照明**　家具には少し動きを加えると、生活感が表現できます。

テーブルセット　　ベッド

シャンデリア　　スタンド　　ブラケット

3　外観の点景配置

構図とも関連しますが、点景を配置する位置によって、画面の雰囲気が大きく変わってきます。また、点景の位置や形によって生活感が演出できるので、パース制作の中でも重要な要素になります。

ここに注意！

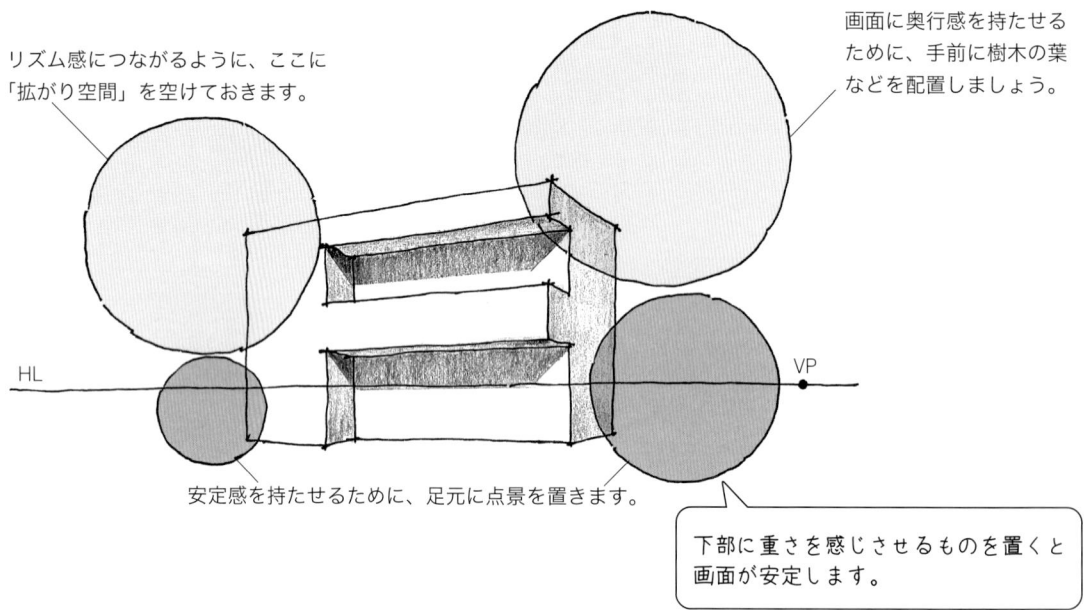

リズム感につながるように、ここに「拡がり空間」を空けておきます。

画面に奥行感を持たせるために、手前に樹木の葉などを配置しましょう。

安定感を持たせるために、足元に点景を置きます。

下部に重さを感じさせるものを置くと画面が安定します。

良い例

「拡がり空間」によってのびのびとした雰囲気が出て、手前の枝葉で奥行き感を出しています。また足元の低木によって画面に安定感を演出しています。

ここに注意！

建物の上部は形をはっきり見せるため、極力、点景が重なって隠れてしまわないように配置しましょう。

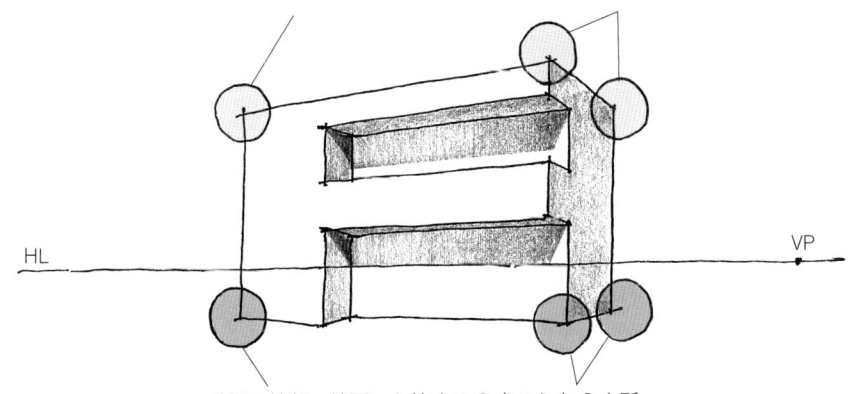

外観の端部、地面にも接する3点のうち2カ所、少なくとも1カ所は点景で隠すと建物が落ち着きます。

悪い例

手前の点景は、建物の上部、特に角になるところには、建物の形がわかりにくくなるので、重ならないように配置します。

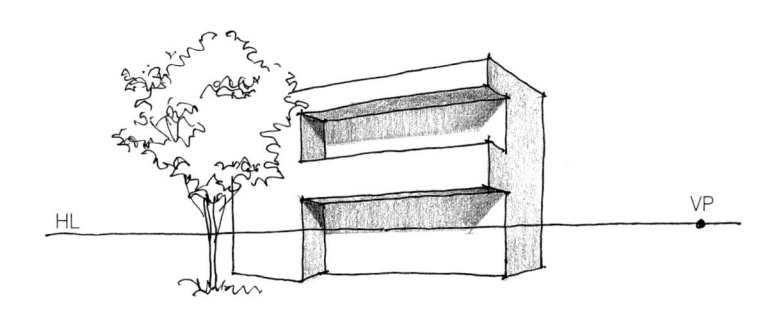

点景によって建物の形を隠したり、「拡がり空間」に大きな点景を配置すると、バランスが悪くなると同時に、動きがなくなって、詰まった感じになってしまいます。

7 点景

4 インテリアの点景配置

点景の大きさ、形、位置によって、リズム、バランスを整え、そして最も重要な「生活感」も演出することができます。

ここに注意！

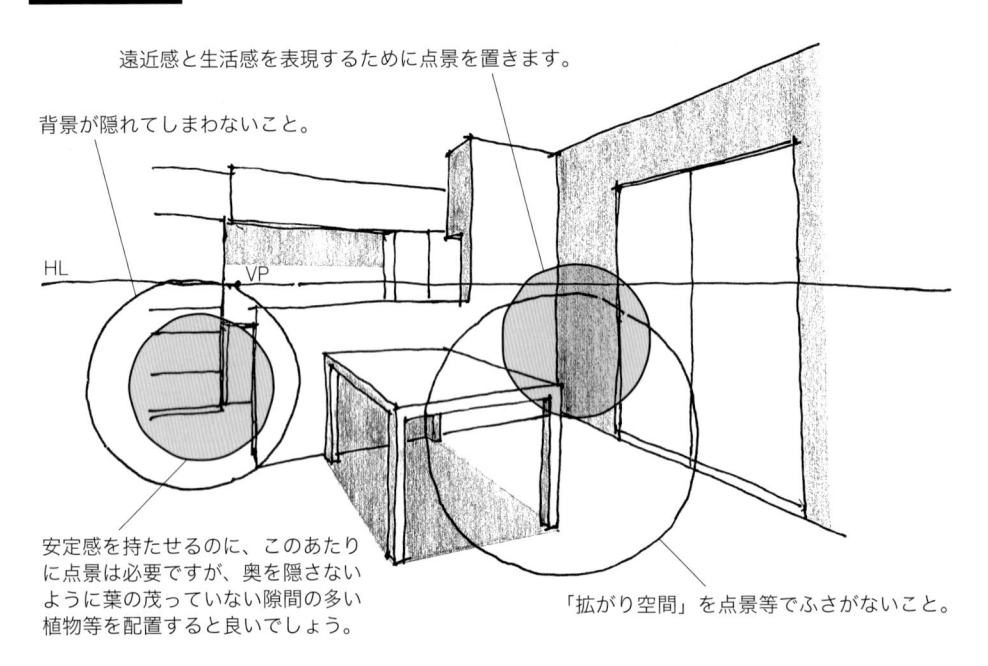

遠近感と生活感を表現するために点景を置きます。

背景が隠れてしまわないこと。

安定感を持たせるのに、このあたりに点景は必要ですが、奥を隠さないように葉の茂っていない隙間の多い植物等を配置すると良いでしょう。

「拡がり空間」を点景等でふさがないこと。

良い例

左の観葉植物は、奥が見える形のものを置くことで、視線が通ります。
照明器具は、多少移動してもバランスのよいところに描きましょう。

ここに注意！

天井に接するコーナーはできるだけ隠さないようにしましょう。

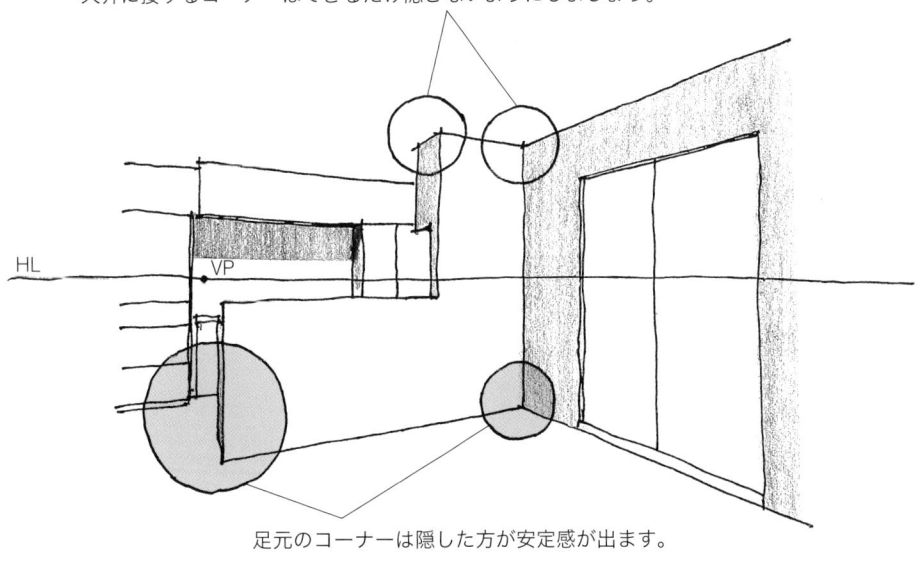

足元のコーナーは隠した方が安定感が出ます。

悪い例

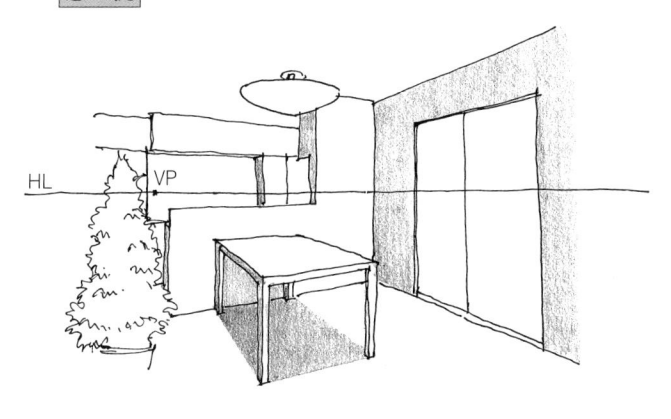

見せたいところに点景があることで、奥が見えなくなっています。
また、照明器具が壁のラインと重なることで、空間のディティールがわかりにくくなってしまいます。

「拡がり空間」に点景を配置することで、画面に圧迫感を感じさせて、窮屈な絵になってしまいます。

7 点景

8　色彩の基礎知識

施主にわかりやすくプレゼンするためにパースを制作する場合、色彩も大きく影響します。色彩の基本的な知識は、パースを制作する以外でも必要な知識なので、ぜひ知っておきましょう。

1　色の基本的な分類

色はそのものが持つ性質によって決定されます。その性質は、明度、彩度、色相と大きく3つの属性によって分類されます。これを「色の3属性」といいます。

◉色の3属性

明度
↑明るい
↓暗い
色の明るさのこと。
明度が高いと明るく、低いと暗い。

彩度
←くすんだ　鮮やか→
色の鮮やかさのこと。
彩度が高いと派手、低いと地味。

色相
色みのこと。
赤、青、黄など色の違いを表す。

この3属性の組み合わせによって、空間の印象が大きく変わってきます。

◉色彩による遠近表現

空気遠近法に関してはp.14で述べましたが、近くにあるものは彩度が高くて明暗のコントラストが強く、遠くになればなるほど彩度が低くなり、明度が上がり、そのうえ明暗のコントラストが弱くなっていきます。
これとp.14に示した他の2種類の遠近法を組み合わせることによって、より一層、画面に奥行き感が生まれます。

2 色相環とトーン表

◉色相環

色相をわかりやすく環状にしたもので、色みの一覧表です。
赤〜だいだい〜黄のグループ：暖色系
青系のグループ：寒色系
といいます。

◉トーン表

縦軸は明度の変化、横軸は彩度の変化を表します。それぞれのグループに色相環があり、同じグループの色は似たイメージを人に与えます。

同じ色でも明るい部分と暗い部分では当然色が変化しますが、ただ単に黒を混ぜるだけだと不自然な明度差になります。トーン表を参考にタテ方向に暗くしていくと、自然な明暗になります。

（例：ライトトーン→ソフトトーン→ダルトーン→ダークトーン）

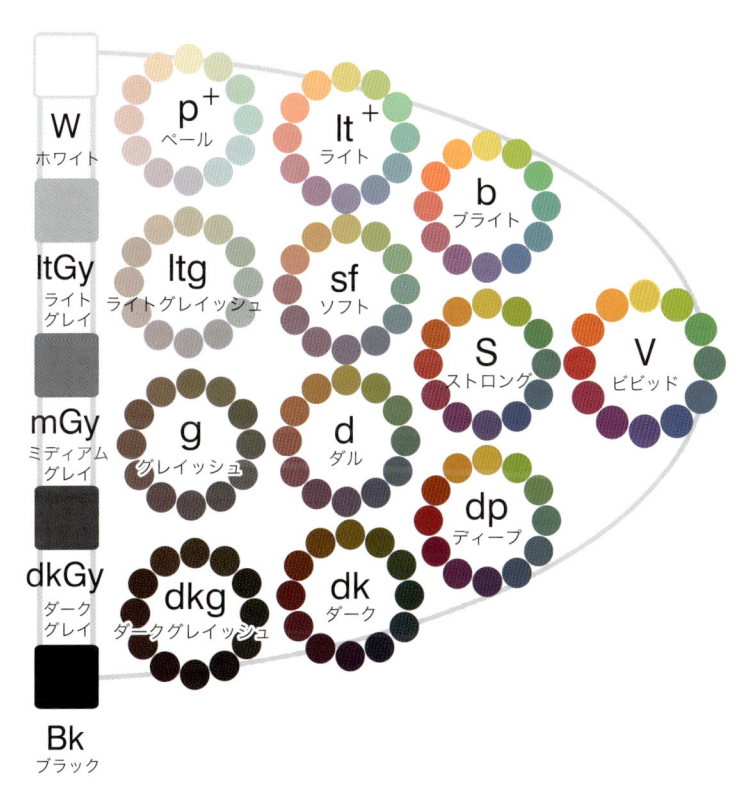

8 色彩の基礎知識 39

この色相環と、トーン表を使えば、配色（2色以上の色の組み合わせ）を考える時にとても参考になります。

色相環でも、トーン表でも図上で近い色は性質の似た色、離れた色は性質の異なる色になります。

性質の似た色同士の組み合わせは、なじみのある落ち着いた配色になり、性質の異なる色の組み合わせは、動きのある配色になります。

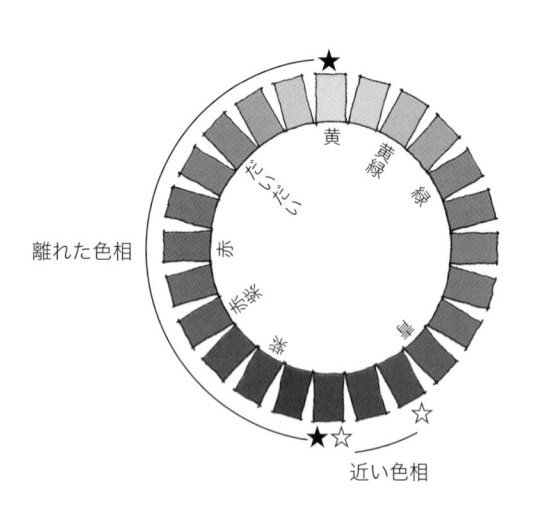

☆青と紫の組み合わせ＝落ち着いた印象

★黄と紫の組み合わせ＝動きのある印象
（正反対の位置にある色を補色という）

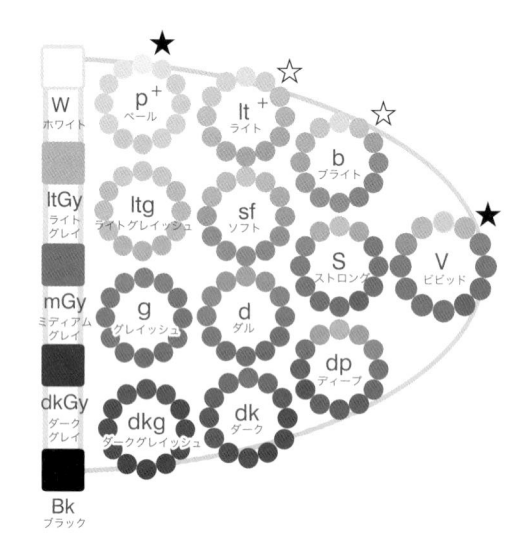

☆ブライトトーンとライトトーンの組み合わせ
　＝落ち着いた印象

★ペールトーンとビビッドトーンの組み合わせ
　＝動きのある印象

3　カラーコーディネート

●配色の黄金比

インテリアも外観も配色を検討する際には、色の役割と比率を考慮します。

ベースカラー：空間全体を印象づける──全体の70%（床・壁・天井、外壁 等)

アクセントカラー：異なる要素として全体を引き締める
　　──全体の5%（インテリア小物　等）

アソートカラー：アクセントカラーとベースカラーをつなぐ
　　──全体の25%（建具、ファブリック 等）

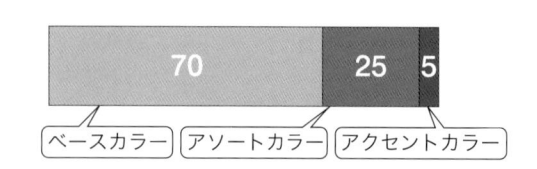

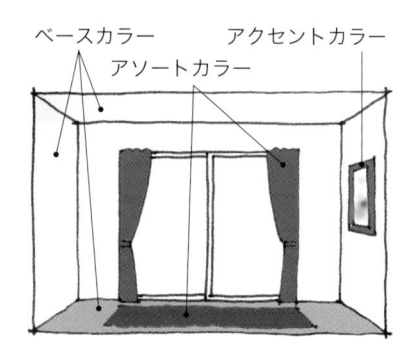

4 イメージスケールの活用

色みと明度の組み合わせで、表現できるイメージが変わります。
イメージスケールを覚えると、自分のつくりたいイメージ、施主の望むイメージがどのような色み、明るさの色で表現できるのかが、ひと目でわかります。
イメージスケールは縦軸が明度の変化、横軸が色みの違いを表します。イメージワードが置かれている位置に示される色を配色に使用することで、そのイメージを表現することが可能になります。

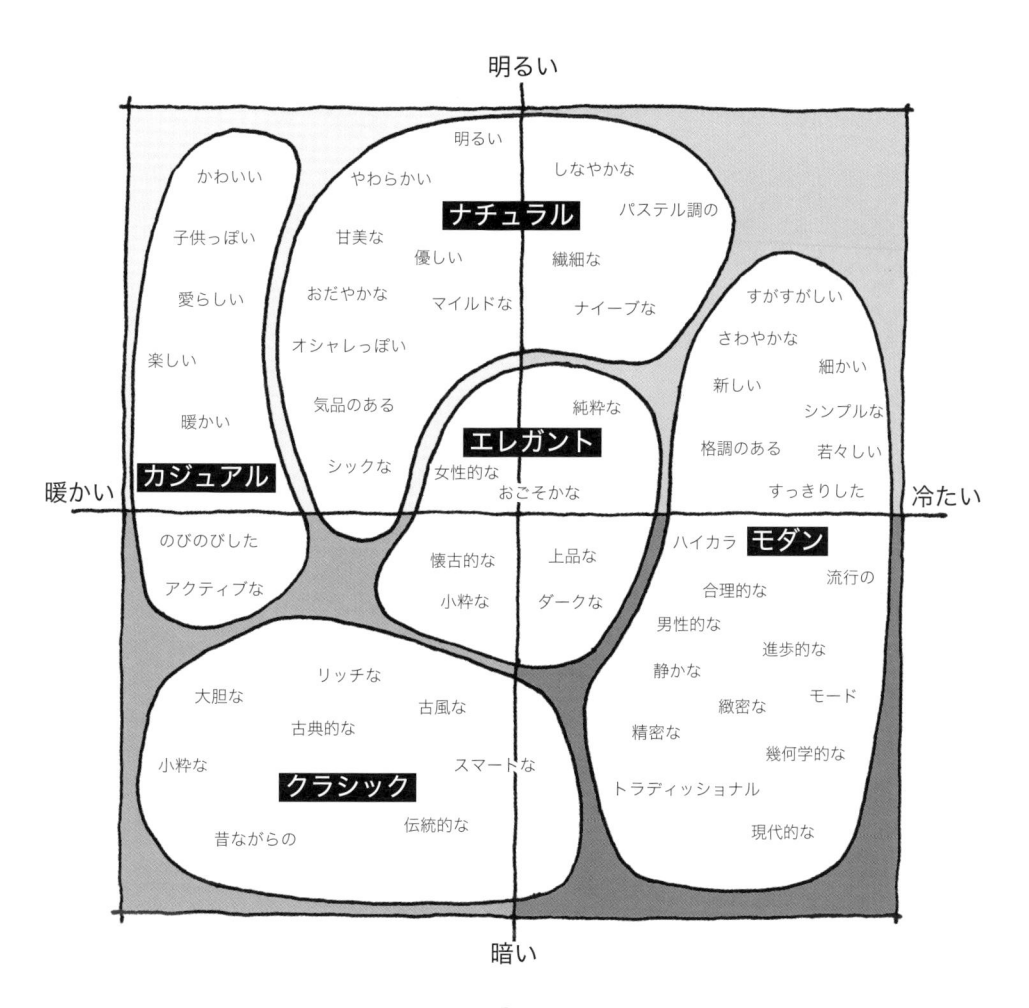

明るい

かわいい／子供っぽい／愛らしい／楽しい／暖かい
やわらかい／甘美な／おだやかな／オシャレっぽい／気品のある／シックな
明るい／優しい／マイルドな
しなやかな／パステル調の／繊細な／ナイーブな
すがすがしい／さわやかな／新しい／細かい／シンプルな／格調のある／若々しい／すっきりした

ナチュラル

エレガント

純粋な／女性的な／おごそかな

暖かい ←　**カジュアル**　　　　　　　　　　　　　　　　　　　　　　→ 冷たい

のびのびした／アクティブな
懐古的な／小粋な／上品な／ダークな
ハイカラ／合理的な／男性的な／静かな／精密な／流行の／進歩的な／緻密な／モード／幾何学的な／トラディッショナル／現代的な

モダン

大胆な／小粋な／リッチな／古典的な／古風な／スマートな／伝統的な／昔ながらの

クラシック

暗い

出典：宮後浩『やさしいインテリアコーディネート』学芸出版社、2008

8 色彩の基礎知識

5　色彩心理

色は人の心理にも影響を与えます。ここでは、建築・インテリア分野に関わりの深い色彩の心理的な効果について例を挙げます。

暖色 / 寒色

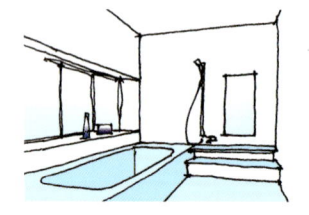

実際に色自体が温度を持っているわけではありませんが、暖色系と寒色系では体感温度で3℃ほど違いが出てきます。寒い場所での、寒色系の使用は必要以上に寒さを感じさせますので注意しましょう。

興奮色 / 沈静色

暖色系で彩度の高い色は神経を興奮させる興奮色、寒色系で彩度の低い色は神経を落ち着かせる沈静色と呼ばれています。沈静色は寝室や勉強部屋など、落ち着きの必要な空間に適しています。

進出色 / 後退色

暖色系は実際よりも前に飛び出して見える進出色、寒色系は実際よりも後ろに見える後退色といいます。狭い空間で、1カ所だけアクセントウォールに寒色を使うことで、空間を広く見せることができます。

膨張色 / 収縮色　軽い / 重い

明度の高い色は、実際よりも大きく拡がって見える膨張色、明度の低い色は、実際よりも小さく引き締まって見える収縮色といいます。また、明度の高い色は軽い印象、明度の低い色は重い印象を与えます。

第 2 章

実践！
外観パース編

1 かっこいい外観パースのコツ

前章ではパースについての基本的な原則をお話ししました。
本章ではその内容を踏まえ、実際に外観の CAD パースを作成してみましょう。

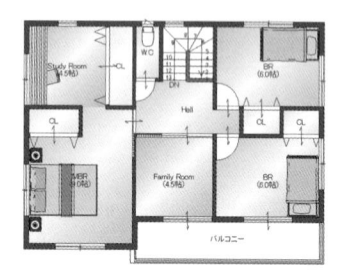

2 階平面図

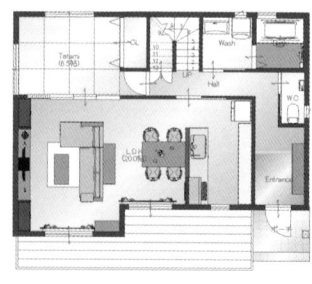

1 階平面図

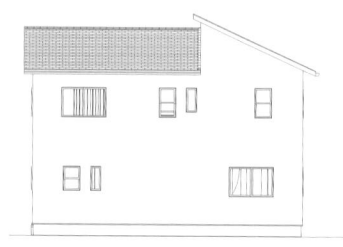

立面図

1 目の高さを決める— HL の設定

第 1 章では、パース制作での最適な目の高さを、
- インテリアの場合　HL ＝ 1000 〜 1200mm
- 外観の場合　HL ＝ 1500mm

と設定しました。

さっそくですが、皆さんは外観パースをつくられる時、目の高さはどのくらいに設定しているでしょうか。
こちらの住宅外観パースは、よく見かけるタイプのパースだと思います。
迫力はありますが、かっこいいかと聞かれると……。

この住宅外観パースは HL が高く、見た目に不自然で模型写真のような印象です。
なぜなら、実際にはこの高さから見ることがあまりないからです。

HL＝3000mm

実際に作成する際には、外観パースは HL ＝ 1500mm に設定すると自然な見え方になります。

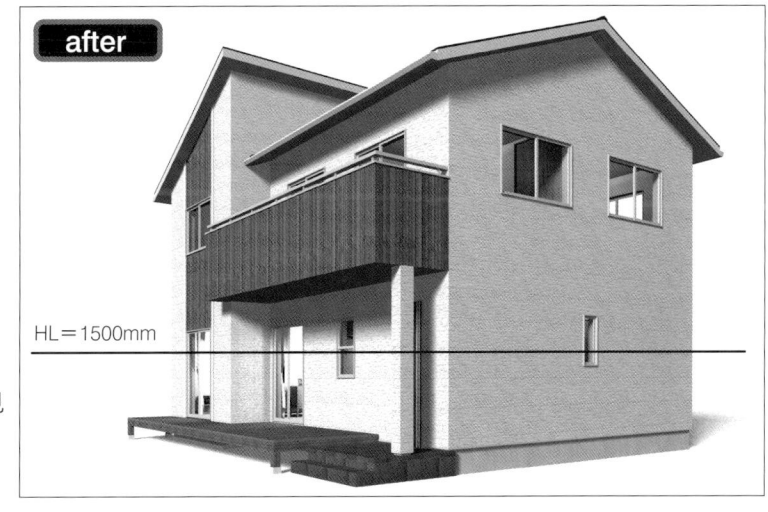

HL＝1500mm

目線の高さを普段自分たちが見ている高さまで落とすことで、自然な見え方になりました。

1　かっこいい外観パースのコツ

2　正面と側面の見せ方

HL を適当な高さに修正したら、次は建物の向きについて、検討してみましょう。

before

目の高さは良くなりましたが、側面が見えすぎていて、本来見せたい建物の正面の様子がわかりにくくなっています。これを修正するには、正面を中心として見る角度を変更します。

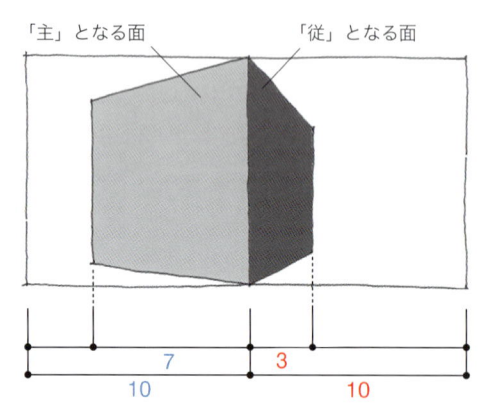

「主」となる面　「従」となる面

7　3
10　10

after

7　3

外観パースでは、正面がそのものの長さの 7 割程度、側面がそのものの長さの 3 割程度に見えるようにするとよいでしょう。

もちろん内容により比率は変わりますが、全体の中で「主」になる面と、「従」になる面をつくったほうが、インパクトが強くなります。

▶注意

CAD パースの大前提として、「視野角（画角）」の設定があります（「視野角（画角）」の設定方法はご使用のソフトでご確認下さい）。視覚角（画角）が狭すぎても広すぎても、見え方が不自然になります。パースの見え方に違和感を感じる場合には、まず視野角（画角）を確認してみましょう。

視野角（画角）100°の場合　　視野角（画角）20°の場合

3 画面内の構図を決める（トリミング）

さて、建物をかっこよく見せる設定ができました。

これで完璧！　と言いたいところですが、そこで終了してしまっては、これまでのパースから抜け出せません。

ワンランク上のかっこいいパースをつくるために、作成した建物の見せ方が決定したら、次に画面上の構図を検討しましょう。

全体の構図とは、用紙（画面）に対する建物の大きさや点景の位置、バランスのことを示します。現時点でのパースをあらためて見てみると、画面に対して、建物が大きすぎて余白がないため、つまりすぎて窮屈な感じです。
そこで、画面内に余白を持たせることで、印象を落ち着かせながら、画面の中に動きを持たせます。
構図の項目でも述べていますが、空間を持たせることによってバランスやリズム感が生まれます。
建物の幅の約 1.5 倍ほどの長さを目安に画面を設定しましょう。

画面を全体的に捉えた時に、
　縦方向の余白は、上 7：下 3
　横方向の余白は、左 6：右 4
くらいの目安で配置すると画面に余裕ができます。

点景の入れ方などでバランスが変わってきますので、全体を再確認した上でトリミングをするようにしましょう。

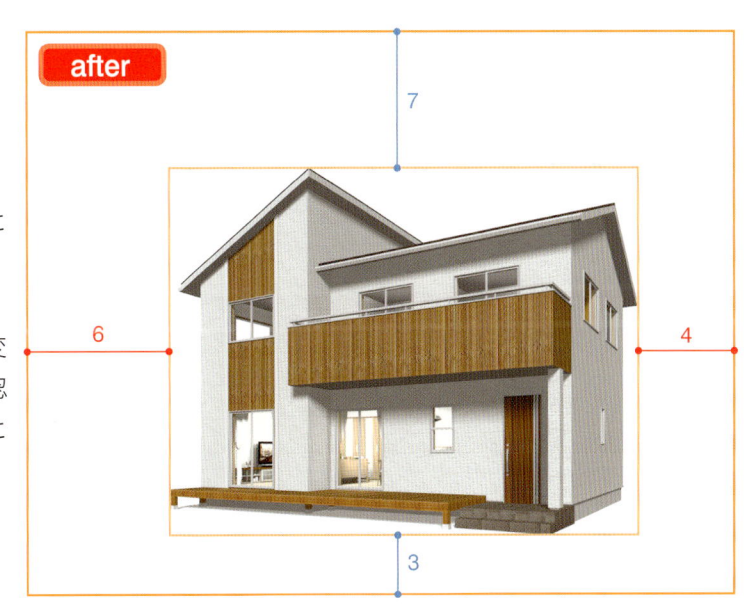

1　かっこいい外観パースのコツ　47

4 陰影を入れる

●陰（グラデーション）について

陰影については p.24 で説明していますが、実際のパースに応用するとどうなるか、順序を追って見ていきましょう。

グラデーションを入れる前

面の明暗のみ表現されていて立体感はありますが実在感はありません。

グラデーションを入れた後

それぞれの面にグラデーションを入れることにより、建物の実在感が出るだけではなく、メリハリが出てきます。

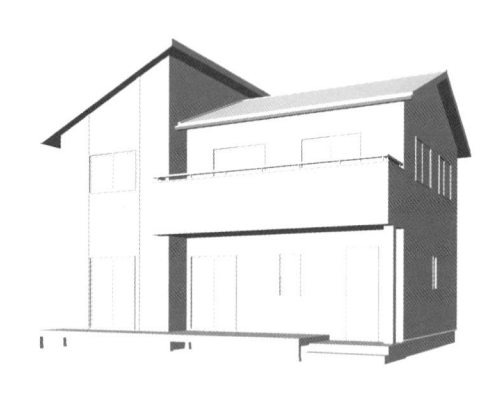

グラデーションなし

面ごとの明暗だけをつけた場合、立体感が出て、建物の凹凸は理解できますが、何かおもちゃっぽく感じます。

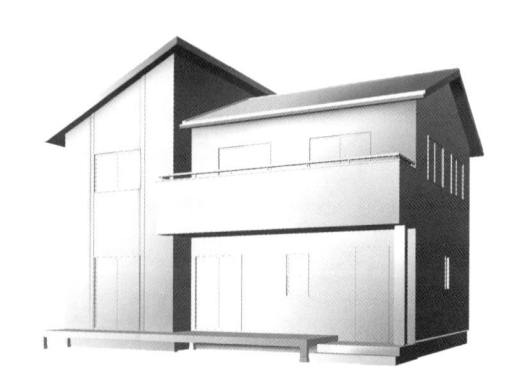

陰にグラデーションを入れてみる

陰にグラデーションを入れることにより、距離感や質感が表現でき、実際の建物に近いニュアンスが出ます。

◉影について

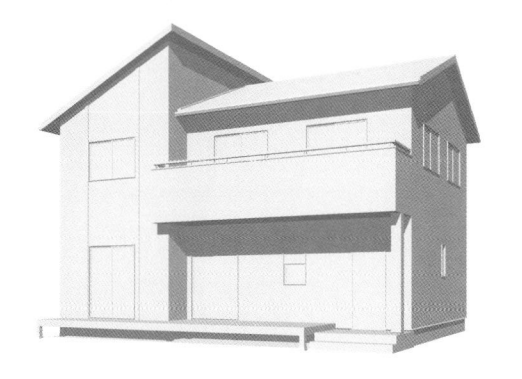

コントラストの弱い影（冬期）

影を弱めに入れると光が弱くなり、絵の雰囲気もおだやかになります。

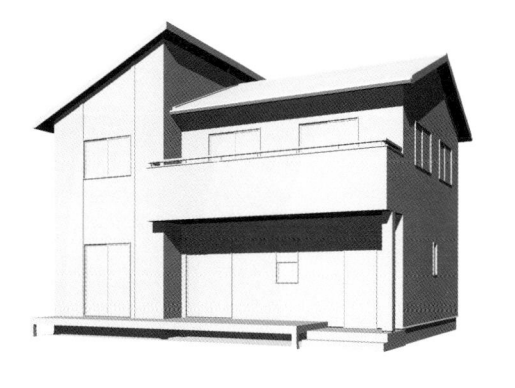

コントラストの強い影（夏期）

影を濃いめに入れることにより、光が強くなり、インパクトの強いパースになります。

逆光の場合

光を当てる方向によっては、逆光で立体感がなくなり、雰囲気も暗く、魅力のないパースになることがあります。

▶注意
実際の建物には方位があるので、北側を正面に描く場合、太陽光は逆光になってしまいます。パースの目的として自然の光に正直に描くか、建物の形を明確に表現するかによって、光源と建物の関係は変わります。

著者は、施主の理解のもと、建物の形が明確に表現できる順光にすべきと考えています。

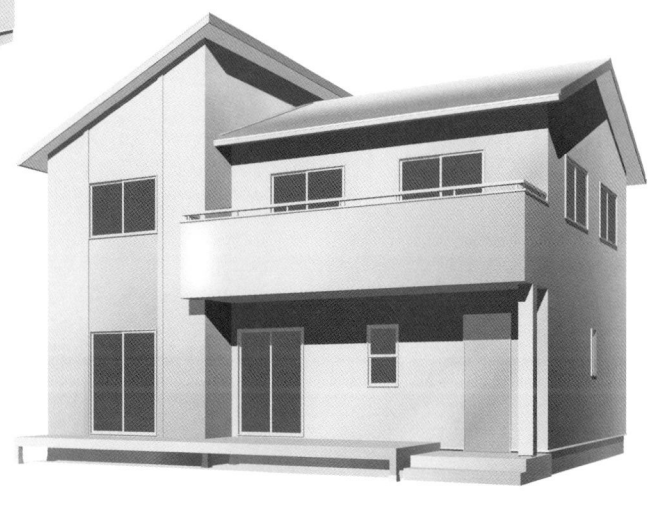

理想的な陰影

できれば光は順光にし、適度なグラデーションをつけることにより、材質感や季節感を表現できます。

1 かっこいい外観パースのコツ

2　いろいろな演出方法

1　空のバリエーション

パースは完成予想図なので、建物そのものの形や色を変えることは原則として不可能です。
そこで建物を引き立てる最も大きな要素のひとつとして「空」があります。できるだけ豊富なバリエーションを用意することで、建物に合った選択ができます。

多少雲のあるおだやかな空

落ち着いたパースに適しています。

直線的な雲の漂う空

流れ雲のある空は画面そのものに変化が出ます。荘厳な雰囲気のパースに適しています。

個性的な形の雲が浮かぶ空

動きのある雲を背景にすることにより、パースそのものに動きができます。
にぎわいのあるパースに適しており、空に負けるようなおとなしいパースには不向きです。

夕焼けの空

暖かみが感じられ、夕暮れの郷愁を感じさせるノスタルジックな雰囲気のパースに適しています。

前節では建物に対する見え方の設定を行いました。
建物そのものをかっこよく見せる設定は完了しましたので、ここからは
プレゼンテーションツールとして見栄えのする演出方法を学んでいきましょう。

◉演出のポイント：空だけの場合

悪い例

良い例

建物を囲むような空は不自然な印象です。

おだやかな水平方向の表現にしましょう。

◉演出のポイント：雲を入れる場合

悪い例

良い例

空と同様に、建物を囲む雲の配置は不自然です。

雲が建物にかかるようにしましょう。

2　いろいろな演出方法

空は実際には、HL（目線の高さ）よりも下に見えることはありません。

右図では地面からすぐ青空が拡がり、現実ではあり得ない状況が描かれているため、おかしな印象を受けます。

よりよい空の例を見てみましょう。

悪い例

良い例
ゆるやかにパース方向

建物を正面から見た上で、それと並行に大きな流れに沿って雲を配置することで、おだやかなパースに仕上がります。

良い例
動きが感じられる

奥行方向の、建物に近いほうのVPから手前に拡がるように雲が流れているので、パース画面に躍動的な雰囲気が生まれます。

▶**注意点――空の設定**

新しい家の周りに、白い雲が浮かぶ晴天の空が拡がっています。
一見すると素敵に描かれたパースですが、何となく幼稚な印象を受けるのはなぜでしょうか。
実際には雲の手前に建物があるので、建物が描けてから、間を埋めるようにポツポツと雲を入れると不自然になってしまいます。

2　森・林のバリエーション

森や林を背景に使用することもよくあります。実際には市街地など樹木のない場合もあるので、パースに合わせバリエーションを揃えておくとよいでしょう。背景の良し悪しでパースは大きく変わります。

ビルや住宅を樹木の間に点在して描く場合、あまり個性的な建物は入っていないほうがよいでしょう。

バックに高低のある樹木を描くと、緑に囲まれた環境のパースになり、建物本体を効果的に見せることができます。

高低の少ない樹木を背景に使うことにより、落ち着いたおだやかなパースに仕上がります。

まわりの住宅を背景に使用することで、住宅地の中に建つイメージが生まれます。背景に住宅を使う場合は、若干ぼかして近隣建物としての雰囲気だけ残すほうがよいでしょう。

2　いろいろな演出方法

3 地面

地面もパースの雰囲気を変える大事な要素です。材質感や距離感に注意しましょう。

インターロッキング

奥に行くにつれてグラデーションで明るくします。目地は、手前でははっきり見え、奥に行くとだんだん見えなくなります。

アスファルト

べたっと単色ではなく、手前に小石を点在させ距離感を表現します。

土

粒が細かいので、手前と奥の材質感やグラデーションには特に気をつけましょう。

芝

材質感に注意し、手前のほうの質感は強調しすぎるくらいの表現でもよいでしょう。

まったく同じ建物でも地面（外構）の仕上げの違いによって雰囲気に変化が出ます。
緑（芝生や樹木）が多い場合は自然な暖かい雰囲気になります。
コンクリートなどで仕上げられた場合は人工的になり、まとまった感じが得られます。

4　窓

外観パースで唯一変化をつけられるのは「窓」といってもよいでしょう。
窓の表情でパースのイメージがずいぶん変わります。

窓の色が暗い場合	窓の色が明るい場合
建物の形はよくわかりますが、生活感が出にくいといった欠点があります。	生活感は出ますが、どうしても窓に目が行くため、建物の全体イメージが弱まる傾向があります。

↓ 拡大図　　↓ 拡大図

室内の表現をあまり描かないことで、外観重視のパースには向いています。壁面と開口部の関係がよくわかります。

室内の雰囲気がよくわかり、生活感が伝わりやすいので住宅のパースには向いています。
ただし、この場合パース制作の段階でプランがある程度まとまっている必要があります。

▶注意点──窓の設定
空が明るい場合は暗めの窓が映えますが、家庭の暖かみを演出したい時は電灯色の窓がよいでしょう。暗い雰囲気を避けたい時は窓を明るめのブルーグレーにすると、柔らかい雰囲気になります。

2　いろいろな演出方法　55

5　車

車の配置では、次のような点に気をつけましょう。

車は建物の邪魔にならないように気をつけて配置します。

側部から見ると動きが少なくおとなしい印象。

ミニバンは家庭的な雰囲気の演出ができます。

斜めから見た車を置くと画面に動きが出ます。

6 　背景

背景（樹木）の置き方では、次の点に気をつけましょう。

悪い例

背景が屋根とかぶると建物の形が不明瞭になります。

良い例

背景と屋根の差をつくることにより建物がはっきりわかりやすくなります。

悪い例

背景の木の配置を山形にすると建物と一体化して小さくまとまってしまいます。

良い例

背景の木を谷形に配置することにより画面全体に拡がりが出て、建物が立派に見えます。

7　外構

見栄えのよさや見せたい部分によっては、プランが決まっていても、ある程度アレンジを加えて描くと、建築パースとしてよりよい仕上がりになります。その際に以下の点に気をつけましょう。

悪い例

車が邪魔

角に車がかかっていることにより、車が目立ちすぎたり、見せたい玄関が目立たなくなったりするので注意しましょう。

塀が高すぎる

忠実に塀を描いたために建物の下部がまったく隠れてしまう場合は、外構の処理を検討します。

カーポートの存在感が大きい

車の場合と同様、カーポートを手前にあまりにも大きく表現すると、見せるべき建物が隠れてしまうことになります。
こんな時は表現を省略するなどの処理を行い、何を見せたいかを考えなければなりません。

建物が遠い

アプローチが長い、敷地が広いなどの場合、全部入れる必要があるのかどうか、そのパースの用途に合ったトリミングをすることが必要です。

これまで一通りのチェックポイントを見てきました。
これで外観パースの完成です。

夕景にすると、しっとり落ち着いた雰囲気になります。

3 スタイル別外観イメージ

住宅の外観パースでは、スタイルに合わせた表現テクニックや点景などパース上の演出によってイメージを明確に、伝わりやすく描き出します。

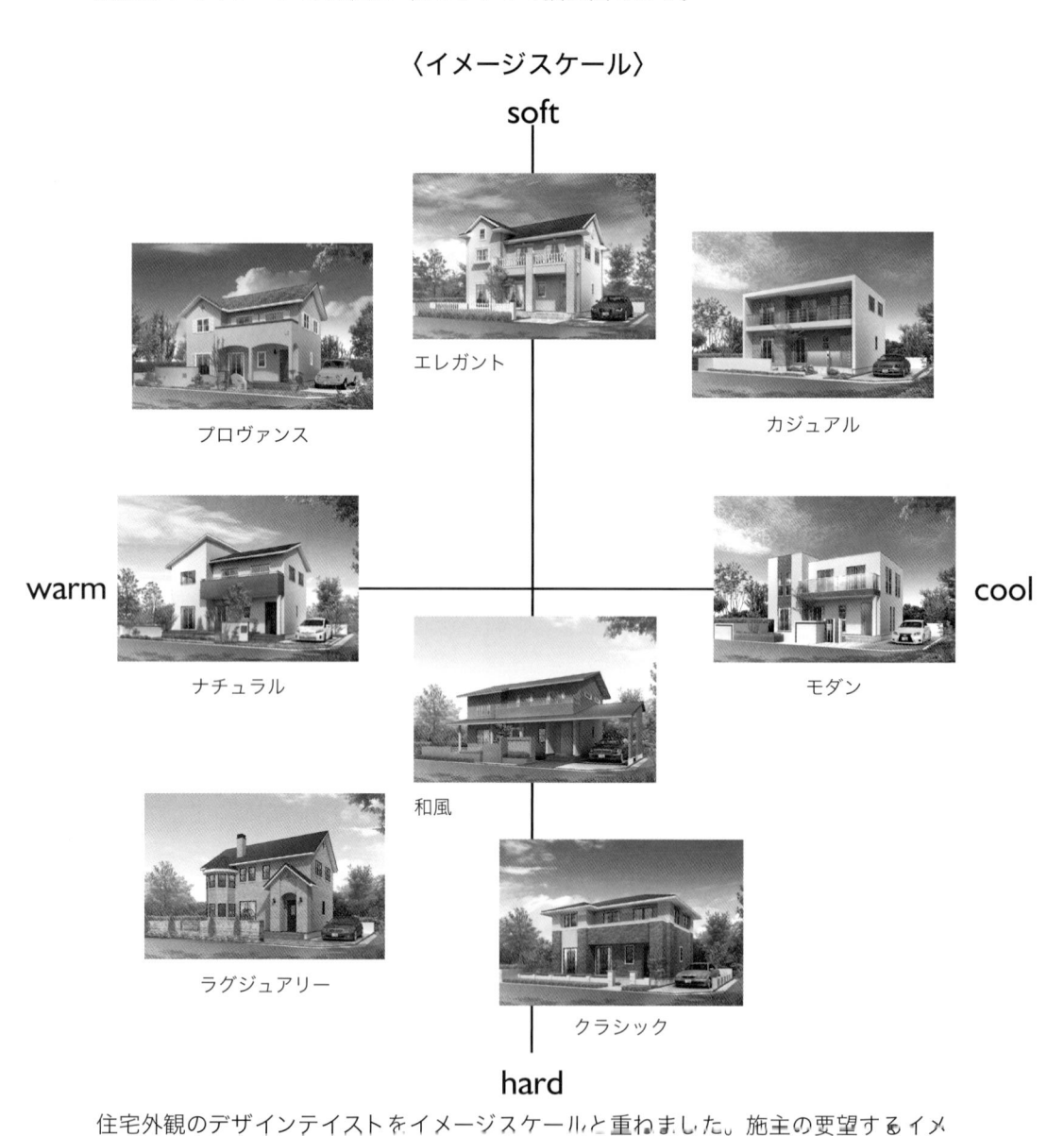

〈イメージスケール〉

soft

エレガント

プロヴァンス

カジュアル

warm　　　　　　　　　　　　　　　　　　　　cool

ナチュラル

モダン

和風

ラグジュアリー

クラシック

hard

住宅外観のデザインテイストをイメージスケールと重ねました。施主の要望するイメージを表現するには、イメージスケールや次のページから紹介するスタイル別の特徴をしっかりと把握し、求められるイメージを表現していきましょう。

ナチュラルスタイル　　　　　　　　　　　　　　　　　　　　　　　*Natural*

● 窓
窓は暗すぎないグレーに。室内は部分的に電灯色のところを設けると暖かみが出ます。

● 樹木
エゴやケヤキなど落葉広葉樹を多く置くと、季節を感じる表現になります。
色は青系よりも黄緑系で、草花も入れましょう。

● 空
若干雲が流れるおだやかな空がよいでしょう。

● 色調
木目を生かした明るい茶色と、アイボリーがかった白の組み合わせが適します。表面に光沢のない、木や塗り壁の素材感を生かした表現にしましょう。

● コントラスト
あまり色の差をつけず、コントラストを抑えて、おだやかな雰囲気にします。

● 車
一般的なファミリーカーやワンボックスカーがよいでしょう。派手な色のものは避けましょう。

モダンスタイル　　　　　　　　　　　　　　　　　　　　　　　　*Modern*

● 窓
窓は暗めに見える処理をして内部もシンプルに、少しメリハリを強めに。

● 樹木
針葉樹や株立ちの小さな葉の植物が適していますが、落葉した幹や枝も似合いそうです。草花は控えめに。

● 空
あえて雲を入れる必要はないかもしれませんが、入れる場合はシャープなものに。具体的な雲の形状は避け、無機質な雰囲気の空にしましょう。

● 色調
純粋な白もしくは少し青みを感じるようなクリアな白に、濃いグレーを合わせるなど、はっきりと色の差をつけるのがよいでしょう。

● コントラスト
明るい色（白）と暗い色（濃いグレー）の配色で、明度の違いがはっきりとしたメリハリのある仕上げに。特に無彩色を生かして、色みを感じさせず、すっきりとした仕上げにしましょう。

● 車
シャープなデザインで白、グレー、黒などモノトーンのものが好ましいです。アクセントとして彩度の高いものを置くのも可。
この場合は面積（大きさ）に要注意。

3　スタイル別外観イメージ

ナチュラルスタイル　　　　　　　　　　　　　　　　　　　　　　　　　　　　　　　Natural

木目や石目などを生かした温かみのある自然素材とシンプルで親しみやすいデザインが特徴です。

モダンスタイル　　　　　　　　　　　　　　　　　　　　　　　　　　　　　　　　Modern

すっきりとしたデザインとコントラストのはっきりとした色づかいがおしゃれなデザインが特徴です。

和風スタイル　　　　　　　　　　　　　　　　　　　　　　　　　　　*Japanese*

日本で長く愛されてきた伝統的なデザインから現代的な印象のものまで、落ち着いたデザインが特徴です。

プロヴァンススタイル　　　　　　　　　　　　　　　　　　　　　　*Provence*

太陽や土の温もりを感じる素朴な質感や、可愛らしく丸みのあるデザインが特徴です。

3　スタイル別外観イメージ

和風スタイル　　　Japanese

●空
落ち着きを表現するには、おとなしい印象の雲の流れがよいでしょう。あえて雲を入れる必要はありません。

●色調
暗めの茶や無彩色で落ち着いた雰囲気を演出。木材を使用することで、天然の温もりを感じられる外装を施します。
塗り壁などしっとりとしたじゅらく色を合わせ、全体的に落ち着いた雰囲気で。

●コントラスト
落ち着いた色合いでまとめながらも、壁と木部のコントラストをつけることにより変化を与えるとよいでしょう。

●窓
仕上げはモノトーンが適しています。部分的に障子、電灯色などを入れると、変化が出ます。

●樹木
和の樹木である、竹、櫟（イチイ）、柿等を配置。
松は個性が強いので外したほうがよいかもしれません。

●車
シックなセダンが適しています。色は派手なものを避けて落ち着いた色相のものが好ましいです。

プロヴァンススタイル　　　Provence

●空
南欧をイメージさせるような空と雲の流れがよいでしょう。楽しさが表現できるように。

●色調
土色っぽいベージュ色をベースに、れんがやスパニッシュ瓦など、温もりのある素朴な雰囲気の色調と材料で、全体的に装飾性が高い印象に仕上げましょう。

●コントラスト
強い日差しを意識するように、コントラストは若干強めに入れると明るい雰囲気が出ます。

●窓
電灯色を多めに入れ、外壁とのコントラストを意識するとよいでしょう。

●樹木
オリーブやトネリコ、ゴールドクレストなど、洋風の樹木を配置。草花も多く入れて明るく、楽しい雰囲気に。

●車
おしゃれなデザインの車が似合います。車体色は建物の雰囲気を壊さない程度に遊んでみてもよいでしょう。

エレガントスタイル　　　　　　　　　　　　　　　　　　　　　　　　　　　　　　*Elegant*

● 空
大胆な雲は避け、穏やかに流れる雲が好ましいでしょう。

● 窓
メリハリを弱めにして、カーテンや照明器具等を描くことで室内のゴージャス感を表現するとよいでしょう。

● 樹木
適度に剪定した樹木を配置、草花を多少入れたほうが華やかさが表現できます。

● 色調
白を基調に、明るいグレーなどを合わせます。ガラスやタイルなど装飾性のある材料を用いて、キラキラ輝くような、光を透過するような仕上げを施します。

● 車
上品な外車が似合うでしょう。色は彩度を落としたエンジやグレー等がふさわしいです。

● コントラスト
無彩色どうしの組み合わせにより、明度差のみで上品さを演出しましょう。白とグレーの濃淡で引き締まった配色にします。

クラシックスタイル　　　　　　　　　　　　　　　　　　　　　　　　　　　　　　*Classic*

● 空
おとなしい感じが合いますが、雲を配置したほうが建物との取り合いがよくなるので、細かめの積乱雲を置くとよいでしょう。

● 窓
外観の重厚感を優先し、室内表現は少し暗めが望ましいです。
電灯色でもよいですが、少し暗めに設定することで雰囲気を演出します。

● 樹木
落ち着きのある剪定された安定感のある形の樹木が適しています。草花はあまり入れないほうがよいでしょう。

● 色調
れんがや大理石など重厚感のある素材で、こげ茶、ベージュの塗装をベースとして、明度が低めの落ち着いた色彩を施します。

● 車
重厚感のある上品で高級なセダンが適しています。ワンボックスカーやファミリーカーは避けたほうがよいでしょう。

● コントラスト
素材やデザインが重厚感を持つので、陰影のコントラストはあまり強くなくてもよいでしょう。

3 スタイル別外観イメージ

エレガントスタイル　　　　　　　　　　　　　　　　　　　　　　　　　　　　　*Elegant*

上品で気品あふれる優雅な印象で、洋館のような凝ったデザインが特徴です。

クラシックスタイル　　　　　　　　　　　　　　　　　　　　　　　　　　　　　*Classic*

伝統的な欧米の建築物のような、重厚感のある素材と格調高いデザインが特徴です。

カジュアルスタイル　　　　　　　　　　　　　　　　　　　　　　　　　　　　*Casual*

直線的なデザインですが、適度なコントラストのシンプルなデザインが特徴です。

ラグジュアリースタイル　　　　　　　　　　　　　　　　　　　　　　　　　　*Luxury*

豪華で高級感のある素材や、高貴な品格を感じさせるデザインが特徴です。

3　スタイル別外観イメージ

カジュアルスタイル　　　　　　　　　　　　　　　　　　　　　　　Casual

● 窓
シンプルな室内処理を施し、建物とははっきりしたメリハリを与えるとよいでしょう。

● 樹木
葉の小さい樹種を選び、草花は多めに配置するとよいでしょう。

● 空
軽めの動きが表現できるよう、雲は小さなものを流すように配置します。

● 色調
軽快なモノトーンに近い色使い。明るい色を主に構成。部分的に入れるアクセントカラーは、面積的には小さくします。

● コントラスト
明快かつ強めのコントラストを持ち、仕上がりも軽くスッキリとした雰囲気に仕上げるとよいでしょう。

● 車
トレンド感のあるファミリーカー・小型自動車等で、色調も明るいものが望ましいです。

ラグジュアリースタイル　　　　　　　　　　　　　　　　　　　　　Luxury

● 窓
室内の照明器具等でインテリアの優雅さを表現します。コントラストは弱めにしておくとよいでしょう。

● 樹木
整備された樹木が整然と配置された外構にし、草花も適所に配置します。

● 空
あまり大柄な雲の動きは避け、おだやかな雲の流れが望ましいでしょう。

● 色調
彩度を抑えながらも、重厚な中に品格と華やかさを感じられる配色に。

● コントラスト
コントラストは弱めにし、あくまで上品に仕上げましょう。

● 車
優美なイメージを持つ高級外車やセダンが適しています。

第 3 章

実践！
インテリアパース編

1 かっこいいインテリアパースのコツ

外観パースに続いて、インテリアの CAD パースを作成してみましょう。
外観パースと同様、実践的なポイントを紹介します。

平面図

断面図

1 目の高さを決める ― HL の設定

インテリアパースでは、まずはじめに垂直方向のひずみについて確認します。

before

after

ソフトによっては目の高低によって、垂直壁がひずむケースがあります。

インテリアの場合は上から見ることは少ないので、垂直方向のしぼりがかからないように調整すると自然に見えます。

インテリアの場合、特に住宅においては椅子に座って生活することが多いので、目の高さ（HL）も座った時の床からの高さ 1000～1200㎜ に設定すると、自然な見え方になります。

before　HL が高い　HL = 2000mm

HL＝2000mm

after　HL = 1200mm に修正

HL＝1200mm

室内のインテリアの配置がよくわかるように高めに設定しているパースをよく見かけますが、HLが高くなると、空間は狭く感じます。

床から 1000～1200mm くらいの高さで HL を設定すると、自然に空間が広く感じられます。

1　かっこいいインテリアパースのコツ

2　画面内の構図を決める（アングル）

HL を適当な高さに修正したら、次はどの方向で見せるか（アングル）を検討してみましょう。

before

構図はどの面を強調したいかによって、その目的にあったアングルを決めます。

例）
・キッチンとダイニングの連続性
・ダイニングから見たキッチンの様子など

正面から見た場合、わかりやすくはなるのですが、パースとしてのリズム感がなくなるので注意が必要です。

after

この例はダイニングをメインにキッチンがどう見えるかを描いています。

3　画面内の構図を決める（トリミング）

どの方向で見せるかが決まったところで、次は見せる範囲をトリミングします。

before

外観のトリミングと同様に、画面いっぱいに入れると、拡がり空間がなくなり、とても窮屈なパースになってしまいます。

見せたい部分を中心に、周囲とのつながりがわかるようトリミングします。画面上に拡がり空間を持たせることでバランスの取れた、落ち着いた印象のパースになります。

after

1　かっこいいインテリアパースのコツ

2　インテリアパースの演出方法

1　点景のワンポイント

点景は大きさと位置に注意しましょう。

点景の全景を入れる必要はありません。また、手前に点景を置くと、奥行感の表現に効果的です。

拡がり空間（p.31）に大きな植栽を置くと画面の拡がりがなくなり、窮屈な印象になってしまいます。

奥のほうに植栽を置く場合は、小さくなり何かわからなくなることもあるので、はっきり植栽とわかる樹形のものを置きます。

良い例

悪い例

手前のひずみが出そうなところは植栽で隠すとよいでしょう。

拡がり空間をふさいでしまわないようにしましょう。

2 点景によるイメージづくり

同じコーナーアングルで比較していきましょう。

誰にでも好まれるようなスタンダードでニュートラルな雰囲気のコーディネート。

シンプルな家具や素材でのコーディネート。壁面に低い家具を置くと画面上も広く感じます。

天然素材と手作り感あふれる造作で、ちょっと凝ったナチュラルテイストに。

額縁や廻り縁など古典的な装飾を施し、クラシカルで重厚なテイストに。

曲線を生かした装飾的なデザインの家具を置くことで女性的なエレガントテイストに。

シャープですっきりとした造作と直線的なデザインの家具、モノトーンの色調でモダンに。

2 インテリアパースの演出方法

3 照明による演出

光の当て方によって生まれる陰影の影響を受け、室内の雰囲気は変わります。

条件として、
・外の光を意識するのか（昼間）、もしくは、室内の光がメインになるのか
また、その場合
・部屋全体を明るくしたいのか、ムードを出すため、スポット照明効果を出すのか
これによってイメージが大きく変化します。

部屋全体を明るくする場合

室内空間全体がわかりやすくなります。
パースでは、特別な効果を狙わない場合、一般的にはこの照明設定を行います。

スポットで明るくする場合

スポット照明の効果により、部分的に明るくすることでムードのある雰囲気を演出します。
特別な演出を行うことで、より強く施主に印象づける効果が期待できます。

◉照明効果の例

全体照明（昼） 　　　　　　　　　　　　全体照明（夜）

同じ全体照明による演出でも、昼の設定は太陽光の影響で画面全体が明るくなります。
夜の設定は照明器具の明るさのみになるため、昼よりも暗い印象になります。

ウォールウォッシャー　　　　　ダウンライト　　　　　　　ブラケット

壁面全体を照らし、反射光で明るさを確保します。

部分的に壁面を照らし、反射光の拡散効果により空間を演出します。

器具のデザインの面白さや配光による照明効果が空間を演出します。

◉シーンに合わせた照明

昼間　　　　　　　だんらん

くつろぎ　　　　　食事

2 インテリアパースの演出方法　77

3 スタイル別インテリアイメージ

インテリアでは素材やデザイン、色調など、空間を構成する要素ごとにスタイルを表現する特徴があります。
まずは基本となるスタイルの特徴を押さえ、パースで表現してみましょう。

カジュアルスタイル
Casual

ビビッドな色づかいで気取らない明るい雰囲気のスタイル。

ラグジュアリースタイル
luxury

きらびやかで、派手な印象のスタイル。夜のイメージにすることで、豪華な雰囲気を演出できます。

第 3 章　実践！インテリアパース編

ナチュラルスタイル　　　　　　　　　　　　　　　　　　　　　　　　　Natural

自然を感じさせる素材や色を使用した親しみやすい比較的誰からも好まれるスタイルです。

モダンスタイル　　　　　　　　　　　　　　　　　　　　　　　　　　　Modern

メリハリのあるかっこいいイメージが特徴の都会的でシャープかつクールな印象のスタイルです。

3　スタイル別インテリアイメージ

ナチュラルスタイル　Natural

● 照明器具
木や布などの素材で、ニュートラル（シンプル）な形のものを配置。きらびやかなものやクールなデザインのものは避けましょう。

● 家具
木の素材色・質感を生かした、手作り感の感じられるデザイン。直線的なモダンなデザインのものは避けましょう。

● 観葉植物
繊細な印象のものより、素朴な感じのものが適しています。

● 窓の向こうの風景
ハナミズキやオリーブなどの広葉樹が植えられた、自然な雰囲気の庭が見えるようにします。

● 色調
黄土色や茶色、明るいグリーンやオレンジなど、自然を感じさせるような色相を使用。あまりたくさん色は使わず、アクセントカラーも鮮やかさで変化をつけます。

● コントラスト
あまりはっきりとコントラストをつけずに、空間全体でおだやかな色の変化が生まれるようにします。

モダンスタイル　Modern

● 照明器具
金属、ガラス等の素材で、装飾が少なく、シンプルでクールなデザインのものを配置します。

● 家具
ガラス、スチール等の素材で、シンプルで現代的なデザインのものを。

● 観葉植物
1本でも絵になる、シンボリックな形や色のものが好ましいでしょう。

● 窓の向こうの風景
整備が行き届き、きちんとデザインされた人工的な庭が見えるように。

● 色調
モノトーン（白・灰・黒）を中心に、原色をアクセントカラーに使うなど、コントラストがはっきりしたカラーコーディネートが特徴です。

● コントラスト
明（＝白）と暗（＝黒）の差をはっきりとつけ、アクセントカラーにも、赤や青などのはっきりとした原色で色相と彩度のメリハリをつけます。

和風スタイル　Japanese

● **家具**
和の中でも民芸、数寄屋など雰囲気に合った形が望まれます。いずれも木製で、色は民芸ならこげ茶、数寄屋ならば木の生地の色に、形はシンプルが無難です。

● **観葉植物**
シンプルな和風の植物が適しています。個性の強い洋風の植物は避けたほうがよいでしょう。あえて植物を置く場合は、生花や苔玉などがよいでしょう。

● **照明器具**
木、紙を使ったシンプルな器具が望ましいです。すりガラスのように和紙をイメージするようなものでも可。

● **窓の向こうの風景**
和の庭園が望ましいです。花は置かないほうがよいでしょう。

● **色調**
畳や塗り壁などの明るいグリーンやベージュをベースカラーに、こげ茶、紫、深い緑などを合わせます。

● **コントラスト**
モダンな和風にしたい時は、少し色みを感じられる、明度の低い落ち着いた色を使用しましょう。

プロヴァンススタイル　Provence

● **照明器具**
木製やアイアンを使った、欧風の素朴な形のものを設置します。

● **家具**
木製やアイアン製など、アンティークかつ手作り感のあるデザインに。

● **観葉植物**
小ぶりの草花をアレンジ風に配置することにより暖かみが出ます。

● **窓の向こうの風景**
緑のあふれるガーデンテラスが見えるようにしましょう。

● **色調**
木目を生かした、白や淡いブラウンのベースカラーに、ブルー、オレンジなどの色をアクセントで合わせます。小花柄など、自然をモチーフにしたプリント模様を施しましょう。

● **コントラスト**
落ち着きを持たせながら、それでいて明るい日差しを感じるよう、明るさのコントラストは強めに。

3　スタイル別インテリアイメージ

和風スタイル　　　　　　　　　　　　　　　　　　　　　　　　　　　　　　Japanese

落ち着きのある和風のしつらえと調和のとれたおだやかな雰囲気が特徴のスタイルです。あえて夕刻の室内イメージにするのも効果的です。

プロヴァンススタイル　　　　　　　　　　　　　　　　　　　　　　　　　Provence

南欧風の素朴で暖かみを感じさせる素材や色づかいが特徴的なスタイルです。

エレガントスタイル　　　　　　　　　　　　　　　　　　　　　　　　　*Elegant*

曲線的で装飾的なデザインでツヤや透け感のある素材を使った女性らしさを感じさせるスタイルです。

クラシックスタイル　　　　　　　　　　　　　　　　　　　　　　　　　*Classic*

様式にこだわったデザインで重厚感を感じさせる素材を使った格調高い雰囲気を持つスタイルです。

エレガントスタイル　*Elegant*

●家具
優雅さを感じる欧風・ロココ調などのイメージの家具を置きます（猫足のデザインなど）。色は白または明るいグレーが適しています。

●観葉植物
単品ではなく、数種類の植物を合わせたアレンジ風の豪華なものがふさわしいです。

●照明器具
ガラスや金属製の、装飾性がありながらも上品なイメージのものを選びます（シャンデリアなどのイメージ）。

●窓の向こうの風景
きちんと計画され手の行き届いた、整然と整備された庭や外構が見えるように。

●色調
大きな特徴として、淡い紫やピンクなどを使用します。激しくなく、また、淡すぎず、中彩度・中明度の保守的で女性的なやさしい雰囲気の色づかいに。

●コントラスト
使用する色の明るさにはあまり差をつけず、ぼんやりとしたおだやかな印象に仕上げましょう。

クラシックスタイル　*Classic*

●家具
重厚な雰囲気を感じるこげ茶や黒っぽい木材を使用。框組の鏡板など、様式的なデザインのものを。

●観葉植物
重厚感を損なうような植物は、あえて入れないほうがよいでしょう。

●照明器具
ダークな色調の金属または木製の照明器具。ガラス部分はスモークでグレアレスな印象のものを設置します。

●窓の向こうの風景
落ち着いた雰囲気の整然とした庭が見えるように。グリーンを生かし、派手な花類は避けましょう。

●色調
こげ茶や深緑、えんじ、濃紺など、明度が低く（暗く）、濃い色を使用し、重厚感を演出します。

●コントラスト
全体的にあまり明るい色は使用せず（中明度色〜低明度色）、組み合わせる色同士の明るさにはあまり変化をつけません。

第4章

パースを活用した
プレゼンテーション

1 プレゼンボードをつくろう

イメージを伝えるツールとしてのパースの活用法として、企画・提案段階でのプレゼン資料を作成してみましょう。
ストーリー性のあるページ構成でお客様の興味を呼び起こし、商談成立をめざしましょう！

作例 1 新築提案におけるプレゼンボード

1　表紙

表紙はお客様が一番最初に目にするので、期待感を持たせるイメージを載せます。

2　イメージパース（外観）

全体のイメージが明確に伝わるように、まずは外観パースを見せます。

3　イメージパース（内観）

イメージパース

リビングから見た風景

ダイニングから見た風景

あくまでもイメージであり、実際と異なる場合がございます。

外観パースで全体を見た後に、主要室のインテリアパースでイメージを提示します。

4　配置図

配置図

敷地図

面積表
敷地面積　195.96㎡　59.27坪
延床面積　134.14㎡　40.56坪
1階面積　　67.07㎡　20.28坪
2階面積　　67.07㎡　20.28坪

縮尺:1/100

全体的なプランニングがわかる配置図を次に入れます。敷地に対する住戸の位置、および外構関連の説明に使用します。

5　平面図

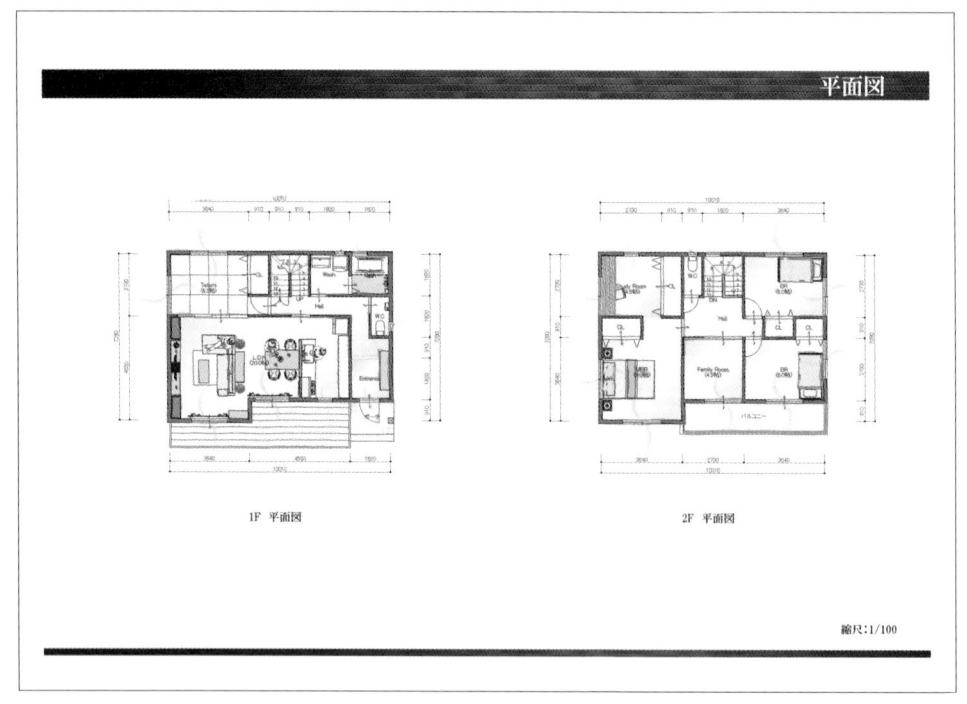

平面計画は最も重要になります。実際の各室の配置、面積、動線を確認します。

6　俯瞰図

平面図では理解しにくい施主に対しては、立体的に俯瞰すると全体像がなお一層わかりやすくなります。

7　立面図

建物の外観形状、寸法の確認のために立面図を添付します。

8　完成予想パース

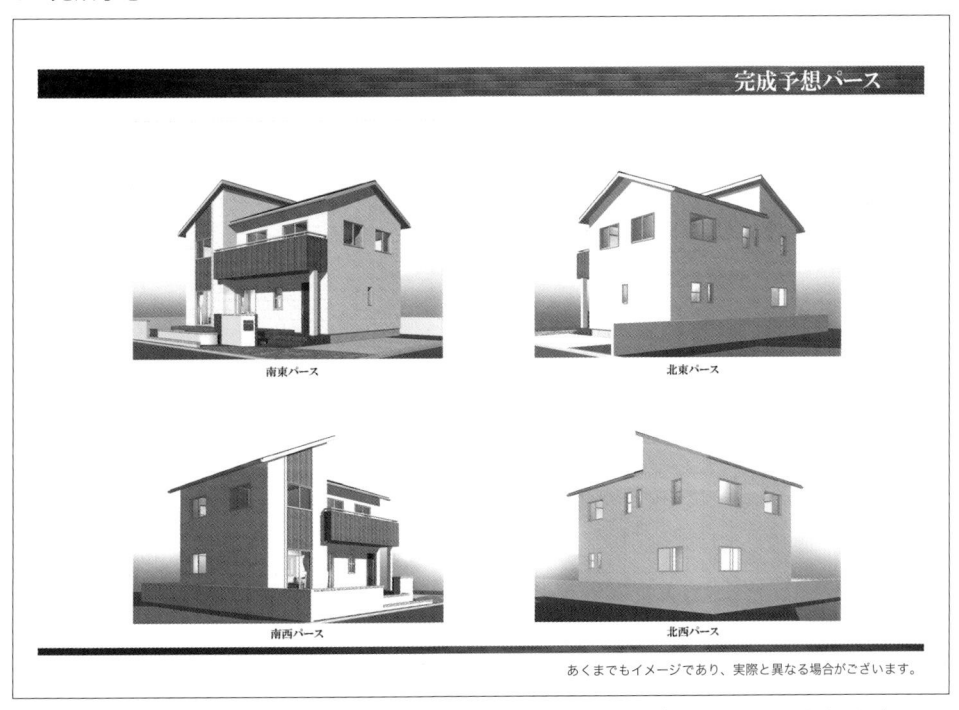

あらゆる角度から見たパースがあると、全体の形がわかって検討しやすくなります。

作例2　リフォーム提案におけるプレゼンボード

1　表紙

まずはじめに、リフォームすることによって、どんな空間になるかイメージが湧く効果的なパースを配置します。

2　ヒアリングシート（現況調査とご提案内容）

お客様からの不満や要望を記載します。家全体に関すること、ご主人様の要望、奥様の要望と分けて書いておくと説明もしやすくなります。

3　立面図

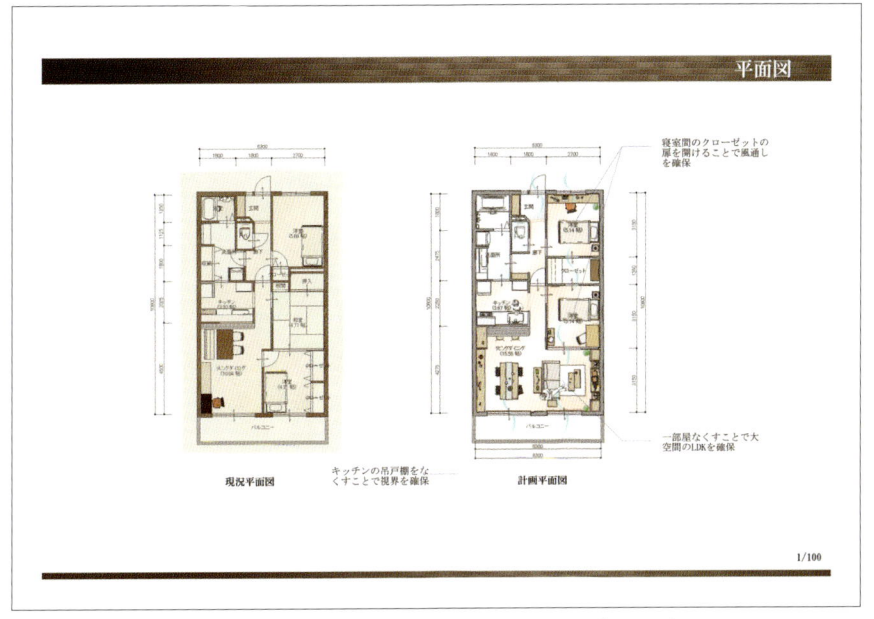

ビフォーアフターを説明するために平面図はもっとも重要です。

4　イメージパース・俯瞰図

パースの横に設計者の意図や提案内容を書いておくと、よりわかりやすい提案が可能になります。

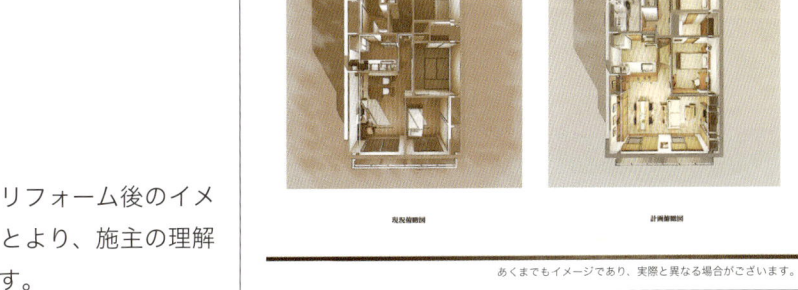

あくまでも提案なので、リフォーム後のイメージを立体的に見せることより、施主の理解を得ることを目的とします。

2 プレゼンボードづくりのポイントとコツ

プレゼンボードは「施主に夢を抱かせる」という重要な役目を持っています。
内容に施主の要望を取り込むだけではなく、こちらからも一歩進んだ提案をすることにより、より一層の信頼感が生まれ、夢の実現に一歩近づきます。

ただ一般的に施主は、図面だけ見ても空間を理解するのは難しいものです。
そこで、プレゼンテーションにおいては、言葉や文章よりもビジュアルに訴えるのが最も効果的です。
プレゼンボードでもパースを活用し、施主に対しわかりやすく魅力的な提案を行うことによって、あなたの想いがすべて伝わるプレゼンテーションを行いましょう。

なお、基本的なプレゼンボードの仕様は以下のようになります。
今回はわかりやすく A3 サイズ（420mm × 297mm）の設定で数値を出しています。
他のサイズで作成される時には、適宜利用寸法に合わせて下さい。

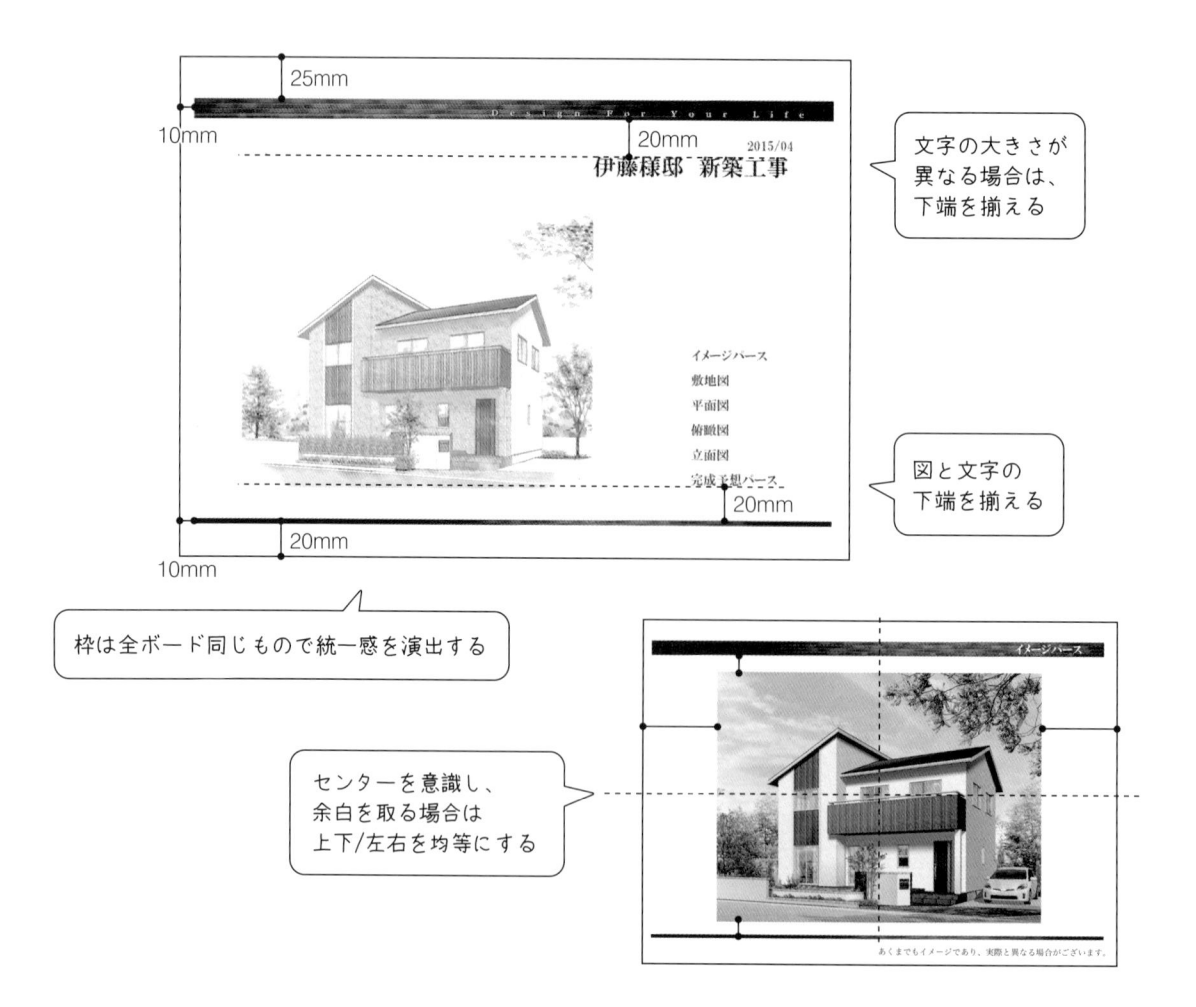

文字の大きさが異なる場合は、下端を揃える

図と文字の下端を揃える

枠は全ボード同じもので統一感を演出する

センターを意識し、余白を取る場合は上下/左右を均等にする

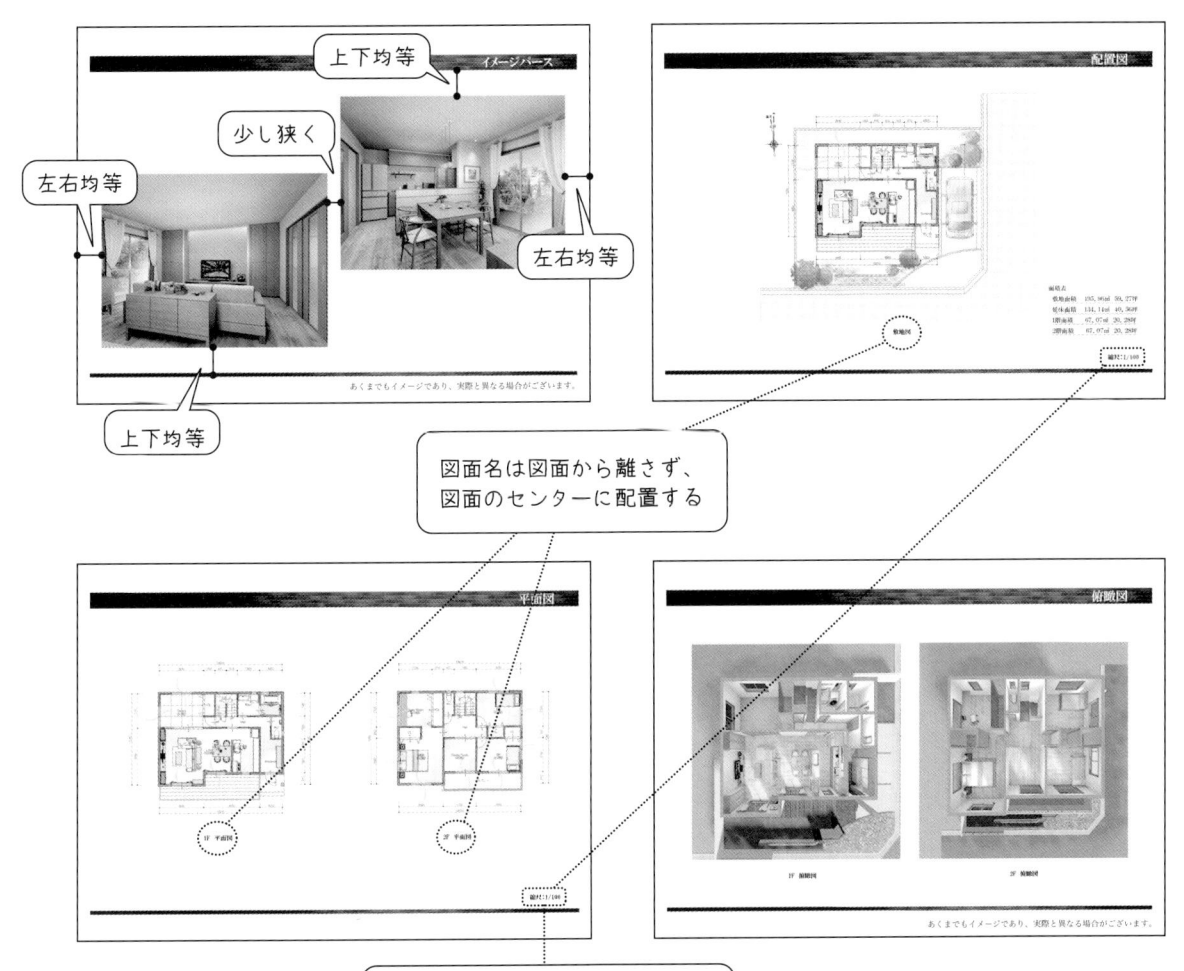

- 上下均等
- 少し狭く
- 左右均等
- 左右均等
- 上下均等

図面名は図面から離さず、図面のセンターに配置する

共通する記載事項は表記を統一
（縮尺：100 もしくは S=1/100 等）
（フォント）

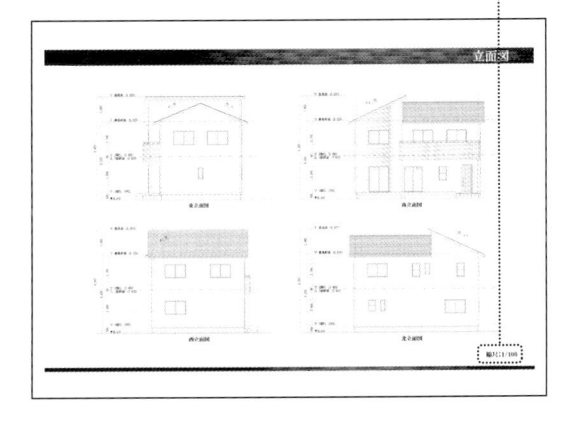

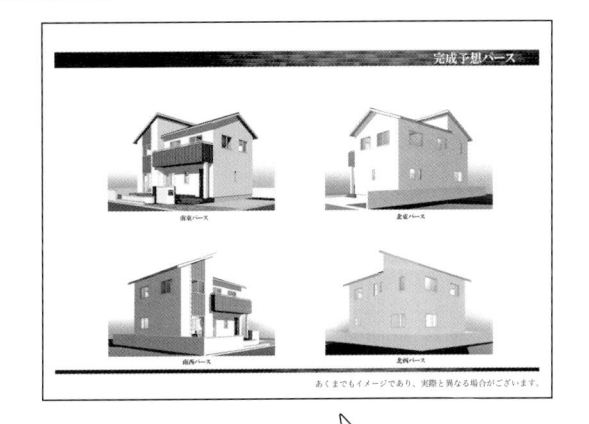

見せたいものを際立たせるため、背景などは置かない

3　作品集

今まで基本的なパースの取り方を一通り説明してきましたが、特徴のある家の場合、設計者のアピールしたいところを見せるのも、パースならではの特徴です。
ここではそういった特徴のあるパースを見ていきましょう。

特徴的な屋根を見せるために、あえて高い視点から見ています。

通常見ることのできない断面もパースでは確認できます。

p.94-95 図版協力：㈱ベツダイ

車好きな人に対してアピールする場合に有効な、場所を絞ったパース。

趣味に合わせたコーディネートを。こちらはヴィンテージミックス。

裏技編
CADを活かした手描きパース

1　外観パースのつくり方

● 外観を描くプロセス1──マーカーの場合

❶

切妻屋根の住宅を例に描いてみます。外観パースでは、建物と合わせて敷地も入れておくと、外構や点景を入れる時に描きやすくなります。
第1章で述べている構図をよく考えて、画面に対して余裕を持って少し小さめにプリントアウトしてください。

❷

CADで出力したパース図面上にまずVPを設定し（奥行き方向の線を延長すれば求めることができます）、HL（目の高さの水平線）を見つけて、パース図面上に引いておきます。

次に建物のデザイン、外構計画、植栽、点景などHLやVPをもとにラフに描き込んでいきます。

❸

鉛筆での大まかな描き込みが終わったら、上から水性ボールペンで清書をします。清書が終わったら、消しゴムで鉛筆の線を消し、そのあと、必要のないCADの線を修正液で消してから、マーカー専用紙（例：PMパッドなど）にコピーします。

本章では、テクニックのひとつとして、CADで起こした下描きを活用し、手描きパースを作成するノウハウをご紹介します。透視図法に則り、手描きで下描きからパースを起こすのは時間がかかりますが、普段業務で使用しているCADで起こすことで短時間で手描きパースが完成します。

◉ **外観を描くプロセス2**──水彩の場合

❶

切妻と片流れ屋根の組み合わさった住宅です。
あくまでCAD出力の図面なので、仕上げの目地などは入っていません。
画面に余裕を持たせて小さめにプリントすることを忘れないようにしましょう。
あとで必要な大きさに拡大コピーします。

❷

出力したCAD図面上に、奥行き方向の線を延長してVPを求め、HLをパースに描き込んでおきます。
建物のデザインの細部や点景を描き込み、ラフに外壁の仕上げを鉛筆で描いておきます。

❸

ラフの描き込みが完了したら清書です。
水性ボールペンでの清書が終わったら鉛筆を消して、CADの線と清書した線がダブっている部分のCADの線を修正液で消します。
完成したら、水彩紙（例：ミューズコットンなど）にコピーします。
あまり厚い紙だとコピー機に入らないので注意しましょう。

外観作例1 マーカーによる着色

外観作例2 水彩絵の具による着色

インテリア作例1　マーカーによる着色

インテリア作例2　水彩絵の具による着色

裏技編　CADを活かした手描きパース

2　インテリアパースのつくり方

⦿インテリアを描くプロセス1──マーカーの場合

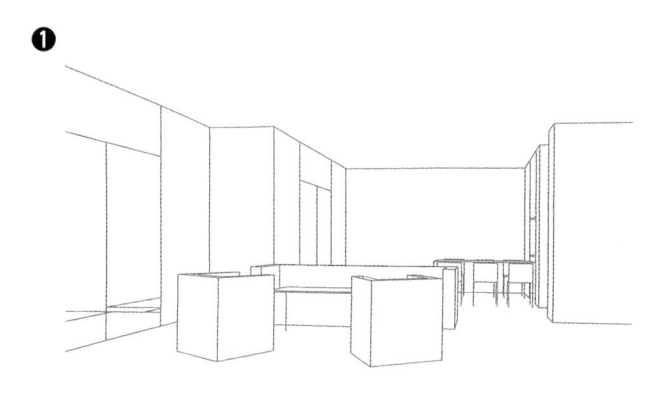

❶

奥にダイニングを臨む、リビングルームのパースです。CAD上ではリビングをメインに、インテリアの構図をよく検討して、プリントします。
インテリアの場合は点景による外への広がりはないので、コピーの段階で画面に対して、適当なトリミングをしておきましょう。

❷

奥行き方向の交わる点VPを求め、HLを引いておきます。家具のデザイン、照明器具・観葉植物の位置と形、アクセサリーなど、鉛筆でラフにスケッチしていきます。
インテリア全体を考えながら決定していく、最も重要なプロセスになります。

❸

形や位置が決まったところで、水性ボールペンで清書します。それから、鉛筆を消し、インキングがダブるところは修正液で消します。
細かい目地や、木目などはインキングすると強く出過ぎることがあるので、コピーした後、鉛筆で描き込んだほうがいいでしょう。
清書ができたら、マーカー専用紙にコピーします。

⦿インテリアを描くプロセス2——水彩の場合

❶

キッチンとダイニングルームのパースです。ダイニングからウッドデッキバルコニーへの開放感も見せたいところなので、開口部の対角から斜め方向の視線にしてプリントアウトしています。
家具配置と大きさだけは、入力しておきます。

❷

家具の形を修正したり、カーテン、照明器具の配置、観葉植物や生活感を演出するための小物類も鉛筆でラフに描き込んでおきます。
窓の外のバルコニー部分も大まかに描いておきましょう。

❸

清書は水性ボールペンで形を整えながら、細部にわたってインキングしていきます。
その後、鉛筆を消し、ダブった線を修正して、水彩紙（例：ミューズコットンなど）にコピーします。
飾りの絵などはインキングしないで、絵の具で処理をするほうがきれいに仕上がります。

おわりに

　本書は、初めに手描きでのパースの描き方のポイントをしっかりと踏まえた上でCADなどを使用したCGパースの話へと進むように構成されていますので、今までパースを描かれた経験のない方にも、わかりやすい内容になっています。

　私は10年以上前に住宅メーカーで働いていましたが、その頃は図面とカタログの写真や模型だけで話を進めていましたので、完成後に「イメージが違う」などといったクレームをよく聞いていました。
　そういったことを解消するためにもパースは必要不可欠なものになっています。
　さらに今ではパースは単なる完成予想図ではなく、お客様にその空間での生活を想像していただき「そこに住んでみたい」「そこに行ってみたい」と思っていただくためのプレゼンツールにもなっています。
　そういったプレゼンツールとしてのパースを作成していただくための助けとなるように本書は構成されております。

　今回、宮後先生とともに本を書かせていただくという話が上がった時、当初は何をしたらよいか頭を抱えていたことを今でも思い出します。
　ですが、実際に話がスタートしたら、今まで自分が行ってきたこと、学んだことの集大成のような内容で話が進み、自分なりの整理もできました。

　今回は初めての出版作業ということで、私がもたついた時にも辛抱強く対応していただいた学芸出版社の中木様はじめ皆様には本当に感謝申し上げます。

　本書が皆様のお役に立てれば幸いです。

伊藤茂男

著者紹介

【著者】宮後　浩（みやご　ひろし）
芸術学博士
(一社)日本パーステック協会　理事長
(株)コラムデザインセンター　代表取締役
(株)コラムデザインスクール　学長
瑞宝単光章叙勲受章者
1946年大阪府生まれ。多摩美術大学デザイン学科卒業後、4年間建築事務所で建築実務の勉学後、26歳の時、建築、インテリアデザインと、パースを専門にコラムデザインセンター創立。パース制作及び教育指導の経歴は40数年に渡り、わかりやすい指導には定評がある。著書は30冊に及ぶ。

【CGデザイン】伊藤茂男（いとう　しげお）
(株)イオグランツ
パーステック1級
3級色彩コーディネーター（AFT）
1971年愛知県生まれ。名古屋造形芸術短期大学卒業後、建築会社に入社、10年間設計業務に携わり、大阪に移住。
改めてデジタル系の専門学校にてフォトショップなどのパソコンの基本を習得、一旦他業種に就職の後、現在の(株)イオグランツに所属。

【編集】上松尚子（うえまつ　なおこ）
(株)コラムデザインスクール　事務局長
(株)イオグランツ　スクール事業部
(一社)日本パーステック協会　事務局長
1級色彩コーディネーター（AFT）
1級カラーコーディネーター（東商）
1973年大阪府生まれ。関西大学卒業後、大手アパレルメーカー、インテリア関連のデザイン事務所勤務を経て、2005年よりコラムデザインスクール事務局長に就任。同時に著者が意匠監修を行う建築・インテリア物件にてカラーを中心としたインテリアコーディネート業務を担当。住環境の色彩について専門学校講師も務める。
著書に『色彩検定3級、2級対策テキスト』『インテリアコーディネーター1次試験対策テキスト』等がある。

＊　＊　＊

【CG制作】(株)イオグランツ
2001年設立。CADソフトの販売、運用支援、人材派遣はじめ、技術開発、CGパース制作からスクール事業と建築・インテリアのプレゼンテーションに関する業務を幅広く行う。2014年には開発・販売を手掛ける建築管理パノラマアプリ「EOPAN（イオパン）」が「グッドデザイン賞ベスト100、グッドデザイン・未来づくりデザイン賞」受賞。ハウスメーカー、ビルダーなど多くのユーザーの生の声を聞き、開発やCGパース制作に反映させる、ユーザーの目線に立ったビジネススタイルで高い評価を得るCAD・CGのエキスパートである。

魅せる！実践 CAD パース

2015年 7月15日　第1版第1刷発行
2022年 2月20日　第1版第4刷発行

著　者　宮後　浩
発行者　井口夏実
発行所　株式会社 学芸出版社
　　　　京都市下京区木津屋橋通西洞院東入
　　　　電話 075-343-0811　〒600-8216
装　丁　KOTO DESIGN Inc. 山本剛史
印　刷　オスカーヤマト印刷
製　本　新生製本

©Miyago Hiroshi　2015　　　Printed in Japan
ISBN978-4-7615-2598-9

JCOPY 〈出版者著作権管理機構委託出版物〉
本書の無断複写（電子化を含む）は著作権法上での例外を除き禁じられています。複写される場合は、そのつど事前に、出版者著作権管理機構（電　話 03-5244-5088、FAX 03-5244-5089、e-mail: info@jcopy.or.jp)の許諾を得てください。
また本書を代行業者等の第三者に依頼してスキャンやデジタル化することは、たとえ個人や家庭内での利用でも著作権法違反です。

学芸出版社の好評既刊書

クイックパース

宮後 浩 著　　　　　　　　　　　B5 変判・128 頁（カラー 32 頁）・定価 2300 円＋税

パースには様々な用途があるが、デザインイメージ段階のスケッチパースはスピードが勝負。本書では、巨匠たちの魅力的な建築を題材に、図面・写真からパースを簡単に起こす手順、着彩の仕方を解説する。また、陰影・点景などを描くためのテクニックも紹介。方眼紙を使って、10 分で描けるクイックパースを体感してみよう。

宮後浩の超簡単！プレゼンテクニック 〈住まい〉イメージを見せる極意

宮後 浩 著　　　　　　　　　　　A4 判・88 頁（カラー 8 頁）・定価 2200 円＋税

言葉だけでは伝えられない建物のイメージを、絵に、模型にしてクライアントにアピールしよう。パース界の第一人者が、平面図や立面図、パース等の描き方とともに、それらをまとめてプレゼンボードで魅せる技までを伝授。時間がなくても、絵心がなくても、誰でも彼でも、これできっとうまくいく！住宅産業に関わる人必携。

アクティブ・パース 役立つテクニック

宮後 浩 著　　　　　　　　　　　A4 判・96 頁（カラー 16 頁）・定価 2800 円＋税

企画段階で、また打合せの場で、言葉だけでは伝わらないイメージをその場でパースに。これは、施主に対しての絶対的なプレゼンテーションとなる。本書では、街並み、マンション、ビル、店舗、住宅、公園、インテリア等あらゆる対象を組込み、フリーハンドで描く簡略パースから精度の高いパースまで 15 作例を、段階ごとに詳述。

緑のプレゼンテーション 建築・インテリア・景観

宮後 浩 著　　　　　　　　　　　A4 判・112 頁（カラー 32 頁）・定価 3000 円＋税

建築やインテリアの設計にますます不可欠となる植物のデザイン提案。そのデザインを絵にする力を身につけるテクニックをパースによってやさしく展開する。350 種に及ぶ、樹形・葉・観葉植物および周辺アクセサリーにより、やさしいグリーンプレゼンテーションの全てを学ぶ。グリーンスケッチを身につけパースを豊かに。

超入門 Autodesk 3ds Max 建築ビジュアライゼーション

櫛間勝義 著　　　　　　　　　　　A5 判・208 頁・定価 2800 円＋税

建物の特徴と魅力を最大限に表現できる話題の 3DCG ソフト、Autodesk 3ds Max でビジュアルパースを学ぼう。1 頁 1 コマンドの日めくり感覚を盛り込んだページ構成で、初学者でも達成感を得やすく、挫折しにくい工夫が盛りだくさんのチュートリアル。実務者の自学自習用として、またデザイン系専門学校、大学の教材にも最適の一冊。

最短で学ぶ　JW_CAD 建築製図

辻川ひとみ・吉住優子 著　　　　　B5 判・144 頁・定価 2800 円＋税

教育・実務に広く使われているフリーウェア・JW_CAD で、建築製図と CAD を両方学ぼう！集合住宅・コートハウスを題材に、各章末の練習問題を解きながら、初心者〜大学レベルで求められる一通りの基本図面（平面図・平面詳細図・立面図・断面図・配置図・室内パース）作成までサクサク到達。建築 CAD 検定対策としても最適。

実践につながる　インテリアデザインの基本

橋口新一郎 編著　　　　　　　　　B5 判・176 頁・定価 2800 円＋税

計画やエレメントからパースの基本まで、豊富な図版でインテリアデザインの幅広い内容を押さえた教科書。基礎知識はもちろん、将来の実務につながるプロ目線の「ひとことコメント」や学習内容に関連する作品例を充実させ、初学者が興味を持ちやすい構成とした。インテリアコーディネーター等、資格試験の基礎学習にも最適！